PETITE BIBLIOTHÈQUE EUROPÉENNE
DU XXe SIÈCLE

Du rouge à lèvres sur l'hostie

DU MÊME AUTEUR

Du muesli à minuit, Rivages, 1991
Ce sont des choses qui arrivent, Rivages, 1996

Aidan Mathews

Du rouge à lèvres sur l'hostie suivi de Les rails

Traduit de l'anglais par
Edith Soonckindt-Bielok

MAREN SELL

CALMANN-LÉVY

Ouvrage traduit avec le concours
du Centre national du livre,
de l'Ireland Literature Exchange (fonds d'aide à la traduction)
et de L'imaginaire irlandais (Dublin, Irlande).

TITRE ORIGINAL
Lipstick on the Host
(1re publication : Secker and Warburg, 1992)
ISBN 2-7021-2550-6

DU ROUGE À LÈVRES SUR L'HOSTIE

Jeudi 11 janvier

Mon souffle s'est envolé en fumée. Je l'ai vu. Je suis restée plantée là et j'ai juré. Mais c'est l'homme à tout faire qui avait commencé. Juste avant Noël il m'avait juré ses grands dieux que le chauffage marcherait aujourd'hui. Alors j'ai essayé les autres salles de classe du bâtiment C et là aussi c'était le même topo, on aurait pu y congeler du poisson si on avait voulu.

« C'est un bélier, ma p'tite dame », m'a-t-il expliqué. Le « ma p'tite dame », c'est sa revanche. Il m'appelle comme ça depuis qu'il m'a entendue le traiter de factotum auprès d'un parent d'élève. Et bien entendu il est allé vérifier ce que cela voulait dire ; l'ironie c'est que c'est moi qui avais acheté les dictionnaires pour la bibliothèque.

Le proviseur m'a lancé un « Bonne année, Meggie » dégoulinant de jovialité. Je lui ai répondu que c'en serait une si j'obtenais le poste de prof principal à la septième tentative. Il était tout sourires et avait enlevé son alliance pour que l'on voie bien son bronzage rapporté de cet endroit tropical au cœur de l'Irlande profonde, avec la verrière au-dessus du mini-golf.

« Vous le peaufinez chaque soir ? » lui ai-je demandé. Que Dieu me pardonne mais je déteste la rentrée de janvier et je refuse absolument, mais alors absolument, de me défouler sur les gamins. De plus, un proviseur est payé pour qu'on l'insulte, alors qu'il mérite donc ses trente pièces d'argent.

Quoi d'autre ?

L'autre Meggie écoutait des concertos pour

piano sur son baladeur près des tableaux des emplois du temps, sauf que les écouteurs étaient collés contre son ventre. Elle est enceinte de cinq mois et quelque, pas plus. C'est ridicule. Mais vous connaissez l'autre Meggie. Il lui faut un Paganini dans ce Babygro, sinon le monde ne s'en remettra pas. Elle veut une fille mais trouve que le bébé n'est pas encore placé suffisamment haut ; et autant vous dire que c'est pour elle un problème bien plus grave que la mauvaise passe que traversent les Palestiniens.

Le pire c'est que je ferais pareil. Que Dieu me pardonne.

J'ai dit à l'autre Meggie que j'avais pratiquement terminé les gilets mais c'est totalement faux : j'ai loupé le bord des emmanchures du pull sans manches pendant que je regardais un western avec John Wayne le lendemain de Noël et je n'ai pas eu le cœur de m'y remettre depuis.

« Je ne sais pas comment tu te débrouilles, mais tu es un brave petit soldat, m'a dit l'autre Meggie. »

Elle a trente-quatre ans, cette femme. Nous avons six ans de différence. C'était déjà une primipare âgée lors de son premier accouchement. Une de ses élèves de terminale était dans la salle commune au fond du couloir et Meggie a préféré garder son bébé avec elle dans la chambre pour éviter de rencontrer l'ado à la pouponnière.

« Si tu suivais les cours du soir de tricot, tu comprendrais comment je me débrouille, lui ai-je répondu.

– Avec deux enfants en bas âge ? Trois si tu comptes leur père, ce que je fais. »

Je me suis débinée avant qu'elle ait le temps de m'expliquer que tout ça me pendait au nez et qu'alors je comprendrais. Mais j'avais une bonne réplique pour l'allusion au père infantile. J'aurais dû lui rétorquer qu'effectivement, le pauvre homme était aussi innocent que l'enfant à naître.

Bien entendu ça ne m'est venu qu'une fois dans la voiture, mais je peux toujours garder ma remarque en réserve pour une autre occasion ; bientôt.

Puis, juste au moment où je reculais, le proviseur a traversé la pelouse au galop dans ma direction. L'animal est tout à fait capable de marcher à grandes enjambées quand il veut, ce qui semblait être le cas aujourd'hui. Pourrais-je relire deux copies rendues par une élève de première ? Je lui ai répondu que ça avait déjà été fait et que ça m'avait d'ailleurs gâché ma nuit, mais que c'était plus certainement lié au café que j'avais bu pendant que je corrigeais.

« Je ne comprends pas, m'a-t-il dit, ce qui était la réflexion la plus profonde qu'il ait jamais eue. Cette fille n'a que des A depuis le début de l'année.

– Ce que moi je ne comprends pas, c'est ce système d'examens lamentable. Vous ne voyez donc pas qu'une fille sur quatre y laisse des plumes ? Fiona a été victime de sa biologie interne. »

Il m'a regardée comme si je parlais chinois.

« Le sang, lui ai-je expliqué. Les ballonnements. Les crampes. Les larmes désappointées de l'endomètre. Qu'est-ce que vous diriez s'il vous fallait écrire la moitié d'un essai sur *Le Paradis perdu* en souffrant de calculs ? Vous pouvez me croire sur parole. Les filles de mon groupe prennent la pilule un mois avant de pénétrer en salle d'examen. »

Voilà qui lui a cloué le bec. En tout cas ça l'a cloué sur place.

Mardi 16 janvier

Je n'ai toujours pas réussi à dormir. Je n'ai pas dormi sur le côté avant trois heures ; et pas sur l'autre avant je ne sais quelle heure, celle où les rideaux perdent leur couleur. Peut-être que je devrais acheter un réveil silencieux ; ou peut-être y a-t-il de la caféine même dans le déca.

J'ai quarante et un ans depuis dix heures dix ce matin. Si la Bande à Baader m'avait descendue à la mitraillette en route vers le lycée, on aurait lu dans les manchettes des journaux du soir : *Enseignante de quarante et un ans tuée à la mitraillette par la Bande à Baader*. Et s'ils m'avaient fauchée à l'heure du déjeuner, entre *Les Grandes Espérances* et *Ode à un rossignol,* le service international de la BBC aurait annoncé qu'on avait laissé une femme de quarante et un ans saigner à mort devant un distributeur de billets de la Banque d'Irlande. L'archevêque de Dublin serait arrivé à la maison dans sa Fiesta avec des Smarties pour les enfants, et les voisins auraient dû lui expliquer que le seul œuf jamais couvé par mes soins appartenait à un canari du nom de Samson mais que j'appelais Samsona, après qu'il s'est caché derrière la boîte à fusibles pour y pondre.

Les Smarties finiraient dans la bouche du petit merdeux d'à côté, celui qui m'avait demandé cinq livres pour mutiler la pelouse avec la tondeuse à coussin d'air de son père. Et sa mère lui expliquerait qu'il y aurait des enfants dans la maison pendant les vacances d'été et qu'ils construiraient peut-être même une cabane dans mon eucalyptus.

Quoi qu'il en soit je préfère avoir quarante et un ans que quarante-deux. Je préfère avoir quarante et un ans que quarante. Quand vous annoncez quarante ans, personne ne vous croit. Quarante et un fait nettement plus sincère. Ça fait plus veinard. La religion a fait du chiffre quarante un vrai désastre : quarante années dans le désert ; quarante années avec le diable qui vous harcèle autant qu'un vendeur d'assurances vie. Peut-être que maintenant les anges vont venir s'occuper de moi ? En tout cas, mon répondeur est branché en permanence.

J'étais allongée sur mon lit ce matin et je réfléchissais. C'était plutôt bête de ma part, franchement, de mélanger ainsi l'œil fermé et la bouche ouverte, les questions royales sous la couette majestueuse, le raisin et les pépins. C'était aussi une sacrée perte de temps. Comme lorsque l'on cherche ses lentilles de contact pendant une panne de courant.

C'était une heure tellement tranquille. Seuls les laitiers et les prêtres étaient levés, tandis que les infirmières de nuit se sentaient fatiguées pour la première fois – tout simplement parce qu'à présent elles pouvaient se le permettre – et abandonnaient leurs puzzles représentant un port, ou leur polar de P.D. James. Mais les prêtres s'assiéraient au bord de leurs lits où ils attendraient que leurs érections retombent, avant de dire leurs prières agenouillés sur leurs prie-Dieu. Et les bonnes sœurs glisseraient de nouvelles serviettes hygiéniques sous leurs jupes, puis passeraient sans doute l'aspirateur autour de l'autel. Quant à moi j'étais allongée sur mon lit dans ma chemise de nuit rétrécie, avec une bouillotte refroidie entre les jambes et un éléphant mou en peluche baptisé Xerxès et qui craint l'essorage de ma Zanussi comme la peste. À ce moment-là mes mains avaient encore quarante ans.

Où est l'âme ? Elle se situe quelque part entre la bouche et l'anus, mais où ?

Voici les résolutions que j'ai prises pour la première tranche de mes quarante et un ans : Réfléchir à l'espéranto. Pourquoi pas ? Lire *La Méditerranée à l'époque de Philippe quelque chose*, de Fernand Braudel. Annuler le voyage à Stratford. Suggérer au proviseur une semaine à Paris pour les premières. Certes ils n'apprendront pas un traître mot de français, mais ce n'est pas grave. Ils pourront s'asseoir dans un café typiquement français et y manger des frites ; ou dans un bar typiquement français, lui aussi, et y regarder des vidéos. Ils pourront boire, se soûler, s'amuser, et tandis que les garçons iront regarder les *peep shows* de Pigalle, j'emmènerai les filles le long de la Seine, en haut de la tour Eiffel et dans les meilleures boutiques de mode discount. Le principal c'est qu'ils soient loin de leurs parents pendant une semaine. Ils le méritent.

À faire également : Repeindre la salle de bains. J'ai des réserves quant aux reproductions de Matisse accrochées au mur derrière la baignoire. L'autre Meggie les a vues après Noël et elle a fait le rapprochement en un clin d'œil.

« Ça ne te dérange pas de ne pas avoir de douche ? m'a-t-elle demandé. Moi j'ai besoin d'en prendre une deux fois par jour. À un moment donné j'ai vraiment cru que je devenais névrosée. Puis j'ai appris qu'en Europe et aux États-Unis c'était la norme. »

Si j'avais eu la chaînette de la bonde du lavabo sous la main, je l'aurais étranglée. Mais ma mère a arrêté de se palper les seins et dit : « Quand j'étais petite, on allait aux toilettes au fond du jardin ; maintenant, on va aux toilettes au cœur de la maison. Ça s'appelle la civilisation. »

Pour une fois, elle était presque redevenue ma maman.

Vendredi 19 janvier

Si le chauffage ne marche toujours pas la semaine prochaine à la même heure, je jure que j'organise une manif. C'est ce que j'ai dit au proviseur. « Je suis frigorifiée », lui ai-je lancé. Il m'a ri au visage. « Pas étonnant, pour un glaçon comme vous. » Oh, il trouvait ça très drôle. À la récréation ça avait déjà fait le tour de la salle des profs. L'autre Meggie était morte de rire. « Mon mari va adorer », m'a-t-elle dit. Mon mari, encore mon mari, toujours mon mari. Elle ne l'appelle jamais par son prénom. Chaque fois qu'elle se retrouve enceinte, il est promu au rang de mari. Cela étant, George est un prénom plutôt nul pour un homme. Que Dieu me pardonne. Je parie ma culotte qu'au bureau il a un surnom.

L'après-midi, j'ai passé à mes terminales un peu faiblardes le dessin animé de *La Ferme des animaux*. Hormis la ligne au milieu de l'écran à cause d'un truc dans le magnétoscope, ça a semblé leur plaire. J'aurais bien demandé au prof de dessin industriel de m'en débarrasser, mais ce type fait un sacré complexe depuis le jour où il m'a changé un pneu crevé sous la pluie. « En fait, m'a-t-il expliqué, il s'agit de neige fondue ; et puisque nous parlons nomenclature, je me permettrai de vous rappeler que je suis prof de dessin industriel, pas mécano. Vous, vous êtes prof d'anglais, ce qui ne veut pas dire que vous sachiez vous repérer dans le métro de Londres pour autant. »

Il nous a donc fallu faire avec la ligne, et les gamins n'ont pas tiqué. Puis on a eu une discussion sur d'autres conclusions possibles et sur la façon dont le dessin animé finissait par éliminer les cochons, contrairement au livre. En fait, c'est parce qu'Orwell (dont le véritable prénom était Éric et non George) avait écrit là un roman et non un ouvrage bêtement fictif. Petit à petit nous sommes donc passés de Hannah et Barbera à Marx et Engels, je les ai laissés mâcher du chewing-gum et on s'est retrouvés à parler sexe.

J'adore ces gamins. Ils sont bien vivants. Il se pourrait même qu'ils ne meurent pas encore avant trois ou quatre ans. Ça les excite tellement de travailler en remplissant les sacs en bout de caisse au supermarché, de s'évanouir à des concerts ou de caresser le visage de leurs voisins aux soirées mousse. Aucun d'entre eux n'a le savoir ou le savoir-faire pour réussir les examens d'État, et ils n'auront donc pas les qualifications requises pour émigrer. Le bac ne fera pas d'eux des lauréats. Ils traîneront dans leurs HLM à regarder des comédies américaines sur une télé japonaise, tout en noyant une pizza avec du tord-boyaux bulgare. Quand ils émergeront de leur abrutissement à quatre heures du matin, l'unique lumière de la pièce sera noir et blanc et il s'agira d'une rediffusion de *Bonanza*.

Mais ils n'en savent encore rien. Pour l'instant leur monde se limite au gel pour cheveux et aux cassettes de démonstration, au salaire horaire gagné en servant des verres de Heineken à ces hommes qui aiment accrocher les photos de leurs enfants à leurs porte-clés mais qui, soir après soir, prennent grand soin de rentrer chez eux bien après que le livre d'histoires est tombé par terre tandis que l'enfant se retourne dans son sommeil. Alors je ne leur dis rien et nous lisons *Le Rapt de la boucle* au lieu de découvrir le non-sens des mots compliqués au bas des formulaires de demande d'allocations chômage une fois qu'on les traduit dans l'anglais d'Irlande. Morgan découvre que, non, il n'y a pas de rap dans ce poème d'Alexander Pope, et il s'en retourne à sa construction en allumettes de la navette spatiale Challenger ; je le laisse faire. Son clair de lune est plus sage que mon clair de jour. J'aimerais le toucher, caresser ses cheveux sales avec mes doigts, mais il ne vaut mieux pas ; pas avec toutes ces idioties qui traînent dans le règlement interne.

J'ai fait les courses. Bien sûr que j'ai fait les courses. Je les fais toujours, mais cette fois-ci c'était différent. J'allais tourner dans l'allée centrale, là où ils font goûter les saucisses, quand j'ai vu Leslie, Leslie avec un M, la Leslie de ma jeunesse chez les dominicains, la gentille Leslie, pas celle qui collait sa morve séchée sous son pupitre et à qui on ne pouvait rien dire parce que son père s'était pendu, que Dieu me pardonne. Non, elle c'était la gentille Leslie, celle qui mangeait mes betteraves et me donnait son pain. Donc je cherchais les saucisses, mais voilà qu'ils vantaient les mérites du xérès à la place. J'en ai pris deux sans réfléchir, incapable que j'aurais été d'un tel effort mental. Vous auriez dû voir la façon dont la démonstratrice m'a regardée.

« J'ai des streptocoques et l'alcool me soulage drôlement », lui ai-je expliqué.

Puis j'ai filé dans la direction opposée – près des crèmes hydratantes et dépilatoires – et qui je vois débouler avec son chariot, Leslie avec un M, mais elle ne m'avait pas vue. Au supermarché on arrive toujours à déceler si quelqu'un vous a vu mais prétend le contraire. La culpabilité est tout bonnement impossible à cacher. On y arrive peut-être si l'on est hollandais ou finnois, mais pas si l'on est irlandais. Et je me suis mise à empiler des Pampers dans mon chariot, ainsi que des lingettes pour bébé. Je ne sais pas pourquoi, je ne sais pas ce qui m'a prise, c'était tellement gros comme mensonge.

« Peggy, m'a-t-elle lancé.

– Leslie. Leslie, je n'en reviens pas. »

Nos chariots se sont touchés. Le sien débordait de trucs. Il y avait des montagnes de nourriture pour chat.

« La dernière jeune fille au pair ne mangeait que des fruits-de-mer-excusez-moi-du-peu, m'a-t-elle expliqué. Et je te parle truite fumée, pas thon en boîte. Elle a duré deux semaines et demie très exactement avant que je ne la renvoie au Luxembourg. Mais ça m'a donné une bonne leçon. La nouvelle vient du sud de l'Espagne, et je crois même qu'elle a du sang africain. En fait, je ne serais absolument pas surprise si la nourriture pour chat n'était pas une amélioration par rapport à ce qu'elle mange chez elle. Autant te dire que je ne lui montre bien entendu pas les boîtes. »

Puis elle en est venue à l'essentiel. Je lui ai répondu trois, entre huit ans et dix mois, mon mari est ingénieur en pétrochimie à Abu Dhabi.

« C'est quoi exactement, un ingénieur en pétrochimie ? m'a-t-elle demandé.

– Eh bien, ça s'occupe des produits chimiques dans le pétrole, et de toute l'ingénierie qui va avec. »

Elle avait viré son mari il y a sept ans, alors que les enfants étaient assez vieux pour être du même avis.

« Il revient à chaque Noël pour le repas, mais à Noël dernier il n'a pas arrêté de pleurer quand il ne fallait pas et puis il a fait exprès de se blesser en découpant la dinde. En fait c'est un alcoolique qui aime qu'on s'occupe de lui mais il suit une ergothérapie deux fois par semaine et joue au mini-billard avec des schizophrènes. »

Je l'ai questionnée sur les dominicains.

« Des betteraves ? s'est-elle exclamé. Je ne m'en souviens pas. Peut-être que c'était l'autre Leslie, celle qui n'avait pas de poitrine et dont le père s'était pendu. »

Tout à coup il lui a fallu partir.

« Au fait, m'a-t-elle informée, ces couches sont bien trop petites pour un bébé de dix mois.

– Il est tellement minuscule qu'il loge encore dans le creux de mes mains », lui ai-je répondu.

Et j'étais tellement occupée à tout retourner dans ma tête après son départ que j'ai inscrit la mauvaise année sur mon chèque à la caisse.

Ma mère a appelé. Elle s'est trouvé une autre grosseur au sein. Ça en fait douze depuis que les décorations de Noël sont allumées dans Grafton Street.

« Mais toi, tu refuses de regarder, m'a-t-elle dit. Tu refuses de sentir. Tu ne sens rien. J'aurais aimé avoir un fils qui aurait senti pour moi. »

Il lui faut une nouvelle bouteille de gaz ; une nouvelle ampoule dans la remise à charbon ;

quelqu'un qui s'occupe de la télévision parce qu'elle ne capte que deux chaînes avec l'antenne portative ; du Xanax.

« Tu avais encore une centaine de cachets samedi dernier, lui réponds-je.

– J'en ai donné quelques-uns au policier au coin de la rue. Sa fillette a perdu tous ses cheveux à cause des radiations et ça l'a bouleversé. En attendant, les gens qui ont égaré leur carte bancaire espèrent toujours le voir se métamorphoser en Batman.

– Je t'en donnerai d'autres demain. Je les apporterai avec la bouteille, puis on verra aussi pour la télé.

– Demain il y a *Autant en emporte le vent*. Mais pas avec l'antenne portative. »

Je ne regarderai pas les seins de ma mère. Je n'y chercherai pas de grosseurs. Je me fiche pas mal qu'elle m'ait nourrie pendant deux semaines. Le lait ne se garde pas pendant quarante ans. Ni quarante et un. Ses seins sont mous. Ils pendent comme des gants qu'on aurait mis à sécher sur un radiateur. C'est pas mes oignons après tout, ni mes gants non plus d'ailleurs.

Que Dieu me pardonne.

Je me suis préparé un déca ; puis je l'ai vidé dans l'évier. Je veux dormir. Je veux hiberner jusqu'à dix-neuf heures dix. À dix-neuf heures dix voilà que ça me revient une fois de plus, à savoir qu'il me faut un soutien-gorge propre, une pastille Rennie et de nouveaux pneus à cause du verglas sur les petites routes. Si je n'avais pas de voiture je pourrais tomber sur le trottoir et me casser la hanche, peut-être. Puis je resterais au lit pendant trois mois, à dormir, à lire des biographies et à regarder toutes les vidéos avec Donald Sutherland. Ce soir j'ai regardé le nouveau *Chapeau melon et Bottes de cuir*. Steed est super, et l'autre bonhomme aussi. Purdey est plutôt horrible, que Dieu me pardonne. Le prof d'ébénisterie jure qu'elle est le portrait craché de l'autre Meggie, ça ça me dépasse. Mais bon, il est homo, alors il voit probablement les choses sous un autre angle.

Il fut un temps où les garçons du second cycle me surnommaient Emma Peel. Quand le dernier hélicoptère américain a quitté l'enceinte de l'ambassade de Saigon, on était assis en classe et on écoutait la radio. J'avais mon costume à la Emma Peel et j'étais debout derrière un garçon qui avait remonté le col de sa veste pour que je ne voie pas les furoncles sur son cou. Je l'ai aimé, l'espace d'un instant. Puis la retransmission a pris fin et on est tous revenus à l'utilisation du subjonctif. Mais je lui ai donné un A pour les deux devoirs qu'il m'a rendus par la suite.

Hobbes avait raison. La vie est sale, bestiale et courte.

Mardi 23 janvier

Aujourd'hui, au cours du soir, j'ai rencontré un homme. Il est dans la classe de restauration de meubles animée par la femme qui était auxiliaire de la marine mais il n'est pas du tout homosexuel. Je reconnais toujours un homo, un ancien prêtre ou un type qui passe son temps à l'hôpital pour dépression. Il n'y avait rien qui clochait chez cet homme ; en tout cas il ne se baladait pas avec sa perfusion accrochée à une potence. De toute évidence il traîne son propre lot de cicatrices mais il n'exhibe pas de pancarte pour les authentifier, comme les professionnels. En fait il m'a expliqué par la suite qu'il voulait juste réparer des meubles de jardin du XIXe qu'il a au grenier depuis Mathusalem. Mais tous ceux qui étaient attablés durant la pause-café ont dû décréter qu'il était homosexuel parce que leur conversation a très vite tourné autour de Michel-Ange, Léonard de Vinci et Botticelli qui étaient des tapettes, alors qu'il n'y en a pas dans *La Naissance de Vénus* ou *La Cène* que je sache. Je peux vous assurer que je me suis bien gardée d'intervenir. L'intéressé avait l'air totalement perplexe.

« Il y a un cours sur la Renaissance ? m'a-t-il demandé. Je n'en vois pas sur la liste.

– Non, lui ai-je répondu, mais il y en a un sur l'homosexualité. »

Et il a ri. Il s'appelle Antony. Je suis pratiquement sûre qu'il ne se fait pas appeler ainsi parce qu'il en a assez qu'on l'appelle Tony ; je suis pratiquement sûre que c'est un Antony depuis le premier jour, un Antony comme dans la pièce de Shakespeare ! Il s'habille de manière parfaitement coordonnée, sauf pour les chaussettes, et la profondeur de sa voix ferait damner un saint. Elle est probablement à mille pieds en dessous du niveau de la mer.

« Ils vous viennent de votre famille ? lui ai-je demandé.

– Quoi donc ?

– Vos meubles de jardin du XIXe.

– Non. Je les ai achetés à une troupe de théâtre qui a fait faillite en pleine tournée. Je crois qu'ils jouaient une pièce d'Oscar Wilde. »

Bien entendu Muggins n'a pas suivi, pour lui Oscar rime uniquement avec Hollywood.

« Et on ne les a pas fait fermer d'office ? » lui ai-je demandé.

Il a ri. Je me serais bouffée. Mais je me suis ressaisie en une seconde.

« Le fait est que des meubles de jardin seraient drôlement utiles pour la scène finale dans *L'importance d'être constant*, ai-je lancé. Et si l'on faisait une version XIXe de toute la *mise en scène* * – d'Hérode, on pourrait aussi les utiliser dans

* Les mots ou expressions suivis d'un astérisque sont en français dans le texte original.

Salomé : elle danserait entre les bidules du XIXe pendant que le roi s'assiérait dans sa chaise roulante et que le valet le pousserait.

– Que diriez-vous de servir la tête de saint Jean-Baptiste sur une table roulante du XIXe ? Je dois en restaurer une en acajou.

– Voilà qui serait un coup de génie, la *pièce de résistance**. »

Et nous avons ri ensemble tandis que les autres se disputaient pour savoir si les Arabes couchaient avec les hommes pour le plaisir et avec les femmes pour la reproduction, ou non. Que Dieu leur pardonne.

Antony et moi pourrions être de la même génération, sauf qu'il est beaucoup plus âgé que moi. Je dirais qu'il est en fin de quarantaine, début de cinquantaine. S'il ne perdait pas ses cheveux on lui donnerait facilement cinq ans de moins. Ses boutons de manchette portent ses initiales et le col de sa chemise est amovible, donc il est peut-être avocat, peut-être, parce que au tribunal ils font de sacrés effets de manches. Ou peut-être qu'il est professeur de quelque chose, de sanscrit ou d'anglais médiéval. S'il est seulement maître de conférence à son âge, c'est qu'il a un problème d'alcool et qu'ils ne peuvent pas se débarrasser de lui vu qu'il a un poste permanent et qu'il est sur le point de prendre sa retraite.

C'est à ce moment-là que l'autre Meggie a déboulé. Des profs se sont proposés pour lire dans les *Œuvres complètes* de William Shakespeare lors de la journée portes ouvertes de février au profit des victimes de la maladie d'Alzheimer, est-ce que je voudrais bien jouer quelques-uns des rôles ?

« Eh bien », ai-je répondu. Qu'est-ce que je pouvais répondre d'autre ? Il écoutait.

« Oh, allons, Meggie, m'a-t-elle lancé. De tous les profs d'anglais c'est toi qui as le plus d'ancienneté, et tu as déjà un naturel très théâtral.

– Si seulement j'avais ton talent. » Je la trouvais plus douée que moi. Cela étant, elle avait eu le temps de peaufiner, alors que moi il m'avait fallu improviser.

« Elle doit sûrement accoucher en mai, m'a confié Antony lorsqu'elle fut repartie d'un pas lourd.

– Elle accouche toujours en mai. Comme ça elle est en congé jusqu'à Noël. Elle laisse son mari sortir au 15 août et lui signe une décharge d'une semaine. »

Et il a ri. Il a des dents superbes, sauf une au coin de la bouche qui ressemble un peu à un croc. D'un autre côté un homme qui irait chez l'orthodontiste me donnerait l'impression d'être peu sûr de lui et ça ne me plairait pas des masses, franchement. Pour les femmes ça passe, bien sûr, parce qu'un corps de femme vaut son pesant d'or, encore que le taux d'intérêt ne rattrape jamais celui de l'inflation. Qui plus est, on ne demande plus aux femmes qu'elles la bouclent mais plutôt qu'elles l'ouvrent dans un large sourire afin que tout le monde puisse admirer combien gagnent leurs maris.

Il est reparti au volant d'une Morris Minor. Je l'ai vu par hasard. Soit il est fauché, soit il collectionne les voitures anciennes. Je penche pour la seconde hypothèse parce qu'il prononce le mot « idée » avec un *è* comme certains présentateurs précieux et que sa peau et ses pommettes sont délicieusement protestantes. Cela étant, il pourrait tout aussi bien être catholique. Il y a eu beaucoup d'unions mixtes chez les Anglo-Irlandais afin de perpétuer l'espèce.

Un imbécile de policier m'a arrêtée au rond-point. D'abord il a vérifié ma vignette ; puis il s'est montré grossier à propos de ma ceinture de sécurité. Pour finir il m'a appelée « ma p'tite dame ».

« Je suis enceinte, lui ai-je expliqué. Ça rend

mes mamelons très sensibles. Je ne mets jamais ma ceinture quand je suis enceinte. »

Il m'a fallu poireauter là pendant une bonne demi-heure avec mes feux de détresse allumés, jusqu'à ce qu'un gendarme en moto arrive avec un ballon.

« Vous pouvez rentrer chez vous maintenant, m'a-t-il lancé, et tâchez de bien vous conduire. »

Quand j'ai rentré le linge, j'ai vu que le morveux d'à côté avait noué les jambes de mes collants. Si son père n'était pas au chômage depuis la Toussaint, je lui flanquerais volontiers une raclée.

Quoi d'autre ?

Je ne dirais pas qu'Antony devient chauve, en fait, mais plutôt qu'il a des cheveux très fins sur un front très haut. On pourrait aisément s'y tromper. D'après l'autre Meggie par exemple, mes cheveux sont roux, alors que ce n'est absolument pas le cas. Ils sont blond vénitien. Cette bonne femme est daltonienne. Pas étonnant qu'elle n'ait pas décroché une seconde entrevue pour ce boulot à la télévision.

Mardi 6 février

Me voici dans ma robe de chambre près du chauffage d'appoint, et Dieu seul sait ce qui m'est passé par la tête aujourd'hui. Imaginez-vous que je viens de promettre à ma mère de regarder sa nouvelle grosseur ! Elle n'en revenait pas. Puis elle m'a répondu que ce n'était pas nécessaire, qu'elle irait chez le docteur. Mais j'avais promis ; et j'étais sincère. Est-ce que je deviens folle ou normale ? C'est la question que je me pose.

Ma mère a entendu parler de la famille d'Antony. À Tipperary on ne connaissait qu'eux, paraît-il. Dans le lot il y a eu une bonne sœur qui est restée agenouillée quinze jours d'affilée –

avec des trous dans son habit à la place des genoux – à ravauder un manteau ayant appartenu à saint Thomas More ; sauf qu'on a appris plus tard que c'était celui du cardinal Wolsey, son ennemi. Elle a été emportée par une hémorragie cérébrale. Un autre est mort d'un empoisonnement au mercure lors d'un traitement antisyphilitique. Que Dieu lui pardonne, mais avant sa mort il a écrit LE livre sur les mouches bleues.

Bien sûr Antony ne m'en a jamais soufflé mot. Il a trop de classe pour ça. Mais ma mère savait tout par cœur. Si seulement elle avait tout consigné par écrit, cela aurait fait d'elle une généalogiste au lieu d'une fouine.

J'aimerais en revenir à ce matin, lorsque j'étais assise en robe de chambre près du chauffage d'appoint, sauf qu'à ce moment-là il faisait jour alors que maintenant il fait nuit.

Il s'était mis à neiger. Je cherchais quelque chose à me mettre en déplorant que le syndicat soit dirigé par des hommes et non des femmes, parce que alors nous pourrions commander les uniformes des profs auprès d'un grand couturier, ce qui nous éviterait l'ennui et le tracas de devoir assortir le haut et le bas à la dernière minute, et donc de devoir manger notre yaourt au volant. Mais les hommes ne raisonnent pas comme ça, ils se contentent de rationaliser.

La neige ne faisait qu'empirer les choses. Ce n'était même pas de la neige à la Walt Disney, c'était de la cochonnerie. Si seulement elle était tombée pendant un jour de semaine, j'aurais pu me remettre au lit avec *Orgueil et Préjugés* et un citron chaud. Puis je me suis souvenue de l'époque où je n'étais qu'un petit bouchon en cagoule à pompon, avec une paire de mitaines en forme de souris assorties de moustaches, et que je n'en finissais pas de courir en rond dans un minuscule jardin à côté d'une énorme remise et d'attraper les flocons avec ma langue puis de les y laisser fondre sans les toucher avec mes dents. Selon ma mère le jardin était énorme, la remise petite, et l'on apprend les dimensions dans la classe de géographie de Mme Fogarty lorsqu'on grandit et que l'on se met à saigner.

J'ai enlevé mon soutien-gorge parce qu'il frottait contre un minuscule bouton sous mon sein et je me suis vue dans le miroir à l'intérieur de ma penderie alors que j'en mettais un autre. Ils étaient encore beaux, mes seins ; en tout cas ils n'étaient pas pitoyables. Ils étaient parfaitement féminins et prosaïques. Le marron n'était pas trop gros, et il n'y avait pas de veines du tout. Ils n'étaient pas suffisamment vieux ou moches pour paraître dans la presse ; ils étaient encore jeunes. Si le *Irish Times* en publiait une photo, la rédaction recevrait beaucoup de plaintes sur le manque de respectabilité du journal. Si si, je vous assure.

Pourtant je m'étais réveillée en voyant la neige et je l'avais maudite, que Dieu me pardonne. J'étais trop loin de ma jeunesse pour la sentir sur ma langue et folâtrer dans des bottes en caoutchouc que ma mère avait fourrées de Sopalin et de pages du bulletin paroissial. Parce que l'homme a ses cinq âges et la femme trois : les tricycles, les bicycles et les cycles tout court, à savoir essorage, rapide et irrégulier.

J'ai mangé trois bananes dans un embouteillage et je suis arrivée à la journée portes ouvertes au milieu de *La Tempête*. L'autre Meggie lisait à ma place et c'était bien fait pour elle. Elle m'avait collé le rôle de Caliban.

À l'entrée de la salle je suis tombée sur le proviseur. Il était plus froid que jamais. Franchement, c'est un chasse-neige qu'il faudrait pour atteindre cet homme.

« Meggie, m'a-t-il dit, je savais que vous ne nous laisseriez pas tomber. J'ai expliqué à tout le monde que la ponctualité était le prix à payer quand on était une prima donna. »

Il portait des pantalons couleur crème pour impressionner les parents mais il avait bigrement arrosé l'intérieur de sa jambe lors de son passage aux toilettes.

« Eh bien, je vois que vous avez du mal à contenir votre joie, lui ai-je fait remarquer.

– Et vous vos paroles, Meggie. »

J'ai pensé à mon poste de prof principal. La vie est trop longue pour qu'on s'embête avec l'avenir.

« Comme ça nous faisons la paire », lui ai-je répondu.

Et le voilà reparti de son petit pas de l'oie enjouée, avec son classeur à soufflets devant sa braguette.

Je dois l'admettre, l'autre Meggie avait sacrément bien bûché. Elle avait dû emprunter le recueil à la bibliothèque parce que je sais pertinemment que le seul Shakespeare qu'elle ait chez elle c'est le disque de *West Side Story* et un exemplaire scolaire de *Hamlet* comportant d'énormes notes lourdes de sens crayonnées en marge – du genre *Hamlet en a marre* à côté du soliloque de *cette chair trop solide*, ou *Fin* en dessous du dernier vers. Mais fichtre, cette fois-ci elle avait passé les pièces au peigne fin. Entre autres rôles, je me suis retrouvée à jouer la nourrice dans *Roméo et Juliette*, la mère folle de Coriolan, Goneril, Bottom, Iago, Falstaff, Toby Belch, Cinna le Poète, et Patience, une des suivantes de la reine Catherine dans *Henri VIII*. La dernière pièce a dû lui donner un orgasme, que Dieu me pardonne. Non pas que je le lui envie. George est en cale sèche ces jours-ci.

Hormis ceci, cela et le reste, j'ai quand même fini par jouer un bon rôle, celui de Lady Macbeth. Mon complice était ce jeune prof de physique bien sympathique devenu Régénéré durant son illumination et qui s'était mis à célébrer la messe avec des croissants et du Piat d'Or jusqu'à ce qu'on l'emmène. Aujourd'hui il était super. Il s'était vraiment pénétré de la déchéance du roi, sauf qu'il le jouait avec un accent écossais à couper au couteau. Certes Macbeth ne doit pas nécessairement sortir d'Oxford, mais il y a tout de même des limites. Moi j'ai joué Lady Macbeth en gardant plus ou moins ma voix normale, et quelques parents ont applaudi à la fin alors qu'ils n'étaient même pas obligés ! Ce serait tellement merveilleux s'il suffisait d'enfiler une robe du soir pour transformer son crincrin en violon.

On en était au milieu d'*Antoine et Cléopâtre* vers les dix-sept heures, dix-sept heures quinze – et je jouais Proculeius, Domitius Enobarbus, Canidius, le Clown plus trois ou quatre autres rôles qui traînaient par là – quand voilà que tout au fond de la salle de réunion, à côté du projet sur le dessalement dans le tiers-monde, entre un homme superbement coordonné sauf les chaussettes, avec de fins cheveux sur un grand front et de superbes dents sauf une sur le côté qui ressemblait un peu à un croc.

La faim combinée à l'absence de cigarettes depuis au moins deux heures faisaient flageoler la prof à mes côtés, alors je lui ai proposé de la remplacer. Elle était ravie et a filé vers la salle de prières avec un gobelet isotherme en guise de cendrier.

Antony avait enlevé son manteau qu'il plia soigneusement à l'envers sur une table contre le mur. Puis il s'est hissé dessus pour s'asseoir sous l'une des grandes affiches de l'an 2000 appartenant à l'exposition des premières sur le sperme. Bien sûr je me suis demandé pourquoi il était venu. Bien sûr, bien sûr que je me le suis demandé. L'explication la plus évidente c'est qu'il devait avoir un fils ou une fille sur le point d'entrer dans le secondaire et qu'il venait inspecter l'école pour s'imprégner de son atmosphère. Ça expliquerait aussi l'histoire des meubles. Mais j'étais sûre qu'il n'était pas marié, appelez ça une intuition si vous voulez. Je repère toujours un homme marié ou séparé. J'arrive même à repérer un veuf d'un divorcé. Tout autre élément mis à part, un divorcé ne gardera jamais la photo de sa femme sur la cheminée ; et un cadre argenté est la preuve même de la poussière qui est retournée à la poussière et de la terre retournée à la terre. J'ai même réussi une fois à deviner une adoption et j'avais visé en plein dans le mille. Et non parce que les parents étaient roux et l'enfant châtain, c'était plus subtil que ça. Inutile de préciser, au passage, que l'on sait toujours à quel moment une femme a ses règles ; tout simplement parce qu'elle vous le dit.

Il me regardait droit dans les yeux.

« C'est aujourd'hui l'anniversaire de ma naissance ; je croyais qu'il serait pauvrement fêté ; mais puisque mon seigneur est redevenu Antoine, je veux être Cléopâtre. »

Voilà qui a flanqué une sacrée pagaille. Ce n'était pas la bonne réplique. J'étais supposée lancer : « Voici enfin mon vaillant seigneur ! » mais au bout d'un moment nous avons rattrapé le coup. Très franchement, je trouve qu'on aurait dû davantage sélectionner au départ. *Les Deux Gentilshommes de Vérone* n'a rien de transcendant. Si Shakespeare ne l'avait pas écrit, personne d'autre n'aurait pris cette peine. Et c'est le même topo pour toutes les pièces qui viennent après *Antoine et Cléopâtre*. Elles sont bien trop longues.

« Vous avez été super, m'a-t-il dit.

– Qu'est-ce qui vous amène ici ? » lui ai-je demandé. Je n'étais pas indiscrète, c'était une entrée en matière.

« La maladie d'Alzheimer, c'est un peu mon rayon.

– Vous êtes docteur ?

– Gynéco. »

J'avais la sensation très perturbante de louper quelque chose.

« Vous ne voulez tout de même pas me dire que certains bébés naissent avec la maladie d'Alzheimer, si ? »

Il a ri. Il est toujours prêt à rire, ce cher Antony. C'est plus qu'un trait de caractère ; c'est un don. Et il n'y a rien de méchant là-dedans, parce que ça n'exclut pas autrui et ne rejette rien. Mon père était un génie, question rire : il était toujours prêt à vous poser la main sur l'épaule, jamais à la gorge. Il a même ri la veille de sa mort, quand il m'a dit : « Tu seras toujours malheureuse, Meggie, alors tâche au moins de gagner le plus d'argent possible. »

« Non, a répondu Antony, les bébés ne naissent pas avec la maladie d'Alzheimer, encore qu'une fois j'ai bien rêvé que j'accouchais un bébé de quatre-vingt-dix ans.

– Qu'est-ce qui s'est passé ?

– Il m'a demandé de lui montrer le monde. Alors je l'ai emmené près de la fenêtre et je lui ai fait voir la rue en bas. C'était six heures du matin et les pigeons suivaient les camionnettes des boulangers. Il y avait quelques personnes, quelques arbres. Un homme en tricot de corps a ouvert sa fenêtre et émietté une saucisse sur le rebord de la fenêtre. Puis le bébé de quatre-vingt-dix ans s'est mis à pleurer mais tranquillement, il n'a pas fait de bruit du tout. Une petite larme s'est frayé un chemin le long de son visage, lentement, comme une goutte de médicament blanc le long d'une bouteille verte. »

Je commençais à regretter de l'avoir questionné. Parce que nous étions au beau milieu de la salle de réunion et que l'on embauchait tout le monde pour empiler les chaises. Qui plus est, l'autre Meggie nous avait remarqués.

« Les arbres se gorgeaient de lumière, comme un filet à poissons qui se gorgerait de saumon, et leurs feuilles tressaillaient sous l'effet des éclairs. Le bébé de quatre-vingt-dix ans a dit alors que même s'il devait devenir centenaire, il ne verrait jamais rien d'aussi beau que la rue en dessous de la fenêtre de la pièce où il était né. Rien ne l'avait préparé à autant de merveilles, m'a-t-il confié ; et maintenant il ne lui restait plus rien à voir. Il m'a demandé de l'étrangler avec son cordon ombilical. J'ai d'abord offert de le baptiser, mais il m'a expliqué que son conduit lacrymal lui avait déjà fait office d'eau baptismale. Alors je lui ai noué le cordon autour du cou comme un lacet et j'ai fait un nœud.

– Et sa mère ?

– Elle refusait de le regarder. Il était trop vrai pour être réel. »

D'un côté ça changeait des conversations sur le sel que le conseil municipal faisait mettre sur les routes avant qu'il ne se remette à neiger. De l'autre j'entendais le proviseur se lamenter bruyamment sur l'état d'un exemplaire des pièces de Shakespeare appartenant à la bibliothèque et qu'un vandale avait abîmé en coloriant les répliques de Bottom, Goneril, Falstaff, Lady Macbeth et Patience, une suivante de la reine Catherine, avec un surligneur orange emprunté à la salle de dessin.

« C'est le porto et le fromage qui vous font faire ces rêves, lui ai-je expliqué.

– Alors nous ne prendrons ni l'un ni l'autre, m'a répondu Antony, mais plutôt du Cointreau et du café turc. »

Il m'a adressé un adorable sourire et sa dent pointue était plutôt jolie, mais oui. C'était sûrement comme ça qu'il souriait à la malheureuse stérile depuis vingt ans et qui découvrait tout à coup qu'elle était enceinte de jumelles. Elle voudrait alors être prise, tout de suite, sur son grand bureau qui faisait penser à un billard vert, mais lui refuserait et partirait sous la pluie serrer la main du mari assis dans la voiture d'où il regardait filer l'argent du parcmètre.

« Vous êtes en voiture ? » m'a-t-il demandé.

Je m'attendais presque à voir le nain de *L'Île fantastique* traverser la salle. Mais il y avait juste l'autre Meggie qui se faisait tapoter le ventre par le petit albinos de sixième. Alors je lui ai raconté des fariboles, comme quoi la voiture était en panne faute d'antigel. Et puis voilà que, sans trop savoir comment, je me suis retrouvée dans la salle des profs où j'ai emprunté le manteau d'ocelot de la prof d'allemand à la voix très grave suite aux hormones qu'elle prend pour je ne sais plus quoi. J'ai laissé un mot bien sûr, disant que j'étais pressée, que je l'avais pris sans faire attention puis compris mon erreur trop tard, et que j'assurerais la surveillance de la cantine à sa place au cas où elle aurait voulu aller à la liquidation du « Nid de la Cigogne » la semaine prochaine. Parce que je l'avais entendue parler d'un tablier des Balkans pour la gamine de quatre ans qui prend le pochard du coin pour Dieu le Père simplement parce qu'il ressemble à la représentation qu'en offre une bande dessinée du Déluge qu'elle a chez elle.

Mais là n'est pas le problème.

Le problème c'est le restaurant. Je n'en avais même pas entendu parler, c'est dire comme c'était chic. De toute évidence je savais qu'il allait m'inviter à dîner, mais je n'allais pas avoir la naïveté de lui demander où. Je ne sors tout de même pas de ma campagne. Je veux dire, j'ai lu *Ulysse*. En fait, c'était *Finnegan's Wake*. Certes c'était pour une lecture publique lors d'une soirée de bienfaisance, mais bon. Donc je n'ai rien dit. Je m'attendais simplement à un grill ou une brasserie. Après tout, il avait bien dû voir que je n'étais pas sur mon trente et un. Sur mes grands chevaux peut-être, mais c'était à peu près tout.

Il n'y avait pas de prix sur le menu, même pas sur le sien, et pas de Richard Clayderman en fond sonore. Tout était nouvelle cuisine. Les serveurs étaient soit français soit homosexuels, soit les deux. Et le seul qui ne l'était de toute évidence pas puisqu'il portait une alliance jouait le jeu à fond. Peut-être souhaitait-il se plonger dans l'ambiance ? Le style du décor était fortement austro-hongrois et je n'aurais pas été déroutée si j'avais entendu quelqu'un ruminer en tchèque à la table d'à côté. En tout et pour tout il n'y avait que deux autres personnes lorsque nous avons pris place : une très grande femme avec des tas de cheveux et un très petit homme qui n'en avait presque plus. Un groupe de quatre hommes plutôt artistes est entré par la suite et ils ont allumé leurs cigarettes aux bougies posées sur la table.

Elles étaient superbes d'ailleurs, assorties au papier peint et au lustre qui tintait comme un mobile à cause de la position des ventilateurs. Seuls les couverts posaient problème : ils se ressemblaient tous et on ne savait lequel prendre pour l'entrée. Je n'arrive jamais à me souvenir si l'on commence par l'extérieur ou l'intérieur. Cela doit faire des lunes depuis ma dernière entrée remarquée dans un endroit chic, à sentir la chair à vif me brûler sous les bras, à faire la conversation à mi-voix, à regarder les femmes jeter un œil dans ma direction l'espace d'une brève fraction de seconde puis retourner à leurs papotages, comme quelqu'un qui feuilletterait le programme de *La Passion selon saint Matthieu* sans même sauter la liste des mécènes. Avant que mon père n'entre d'un pas tranquille – l'air dégagé et élégant en faisant tomber d'une chiquenaude l'emballage Cellophane des cigarettes accroché à son doigt, tout en parcourant la salle du regard afin de repérer notre table –, j'aurais été étiquetée trop grande avec une structure osseuse défectueuse et beaucoup d'or blanc sur une gorge chair de poule.

Que Dieu me pardonne mais dire qu'il me faut considérer ces salopes comme les sœurs qui partagent notre lutte. Et me voilà donc assise, consciente que personne d'autre ne porte de pendants d'oreilles à part moi et une vieille femme qui ressemble au dalaï-lama. Puis mon père me dirait combien je ressemblais à ma mère, tandis que cette dernière se tâterait les seins. Ensuite mon père verserait du xérès dans son potage et je farfouillerais dans mon sac à main à la recherche de mes petites boucles d'oreilles.

« De la lotte ? m'a demandé Antony.

– J'ai dit lotte ?

– Mais oui.

– Je suis désolée. Je pensais à une occasion spéciale avec mes parents. C'était il y a très longtemps. Enfin, c'était il y a quelque temps, autrefois. J'aimerais bien goûter le poulet à la truc muche. »

Il a trouvé ça très drôle et a commandé de la même manière.

« Vous avez choisi quoi ? lui ai-je demandé après le départ des deux serveurs.

– Je n'en suis pas encore sûr. Soit c'est du renne fumé, soit c'est de la pieuvre dans un wok. »

En fait il s'agissait d'une épaule d'agneau avec du riz et une farce aux rognons que j'avais vue dans une émission culinaire mais ça avait l'air bon. Tout comme la reproduction sur l'assiette, une fille à la Toulouse-Lautrec vêtue de trois fois rien, avec un des rognons qui lui faisait office de bikini. Il y avait la même fille sur mon poulet, ou plutôt en dessous, sauf que là elle donnait plus ou moins l'impression de se faire lascivement plaisir. En tout cas elle ne se tâtait pas les seins. Parce que là ça aurait été les ides de mars.

On a parlé de tout.

De quoi a-t-on parlé ?

On a parlé des calottes polaires et on s'est demandé qui était le premier mari d'Elizabeth Taylor. On a parlé du pape Jean XXIII et de sa gentillesse, puis on a parlé des panneaux au Canada qui disent : *Marchez sur l'herbe S.V.P.* On a pratiquement touché à tout, et pratiquement tout nous a touchés. Il ne connaissait pas le mot arabe pour Jérusalem, alors je le lui ai appris : El Kods. Je ne savais pas que les rhinocéros étaient monogames, ce que l'on ne croirait pas, franchement, à les voir. Nous avons bu beaucoup de vin pour le salut de nos estomacs. Et pourquoi pas en effet ? J'adore cette sensation de fourmillement. Les musulmans n'ont pas idée de ce qu'ils ratent. Dieu soit loué, Notre Seigneur a consacré du vin et non du jus de fruit. Cela veut dire que l'Église peut menacer ceux qui boivent bières et alcools mais que la vallée de la Loire a sa bénédiction.

« Finissez votre verre avant que je ne vous serve ceci, m'a-t-il dit, ce serait dommage de mélanger. »

Il est gynécologue. J'aurais dû deviner à ses mains. Elles sont expressives et soignées. Aucune femme ne pourrait les craindre. Elles sont trop paternelles pour ça. Au lieu d'avoir peur, on éprouverait le contraire. On achèterait de nouveaux sous-vêtements et une nouvelle tenue pour chaque visite, et on se parfumerait l'intérieur des cuisses au moment où l'infirmière nous appellerait. Il caresserait votre ventre rebondi et rayonnerait. Puis, tandis que ses doigts glisseraient tout doucement en votre intérieur, vous déchiffreriez les diplômes et les examens aux noms latins accrochés à la cimaise sur le mur d'en face et vous vous demanderiez pourquoi il ne se fait pas appeler Tony.

« Vous êtes catholique ? » C'est parce que nous avions parlé de cet imbécile d'aumônier.

« Non, lui ai-je répondu, pas très. »

Il a ri quand je lui ai rétorqué ça. Honnêtement, j'en viendrais presque à souhaiter qu'il rie un peu moins. C'est généralement signe que l'on est profondément malheureux. La gaieté est un état tranquille, tandis que l'allégresse n'est jamais que le désespoir vu sous un bon jour.

« Et moi protestant de Dublin, m'a-t-il expliqué. Très strict. Quand j'étais petit les membres sélects du conseil paroissial ont renvoyé le pasteur parce qu'il habillait l'autel avec du tissu et des bougies.

– Vous allez toujours à l'église ? » lui ai-je demandé. Je ne savais pas si je devais dire « croyez » ou « pratiquez » ou « communiez ». Les seuls protestants que je connaisse sont tellement peu puristes que deux d'entre eux ont fait office d'organisateurs lors de la messe papale à Phoenix Park.

« Je n'ai pas un très grand sens du surnaturel, m'a-t-il répondu. La nature est une valeur suffisamment naturelle pour moi. Le monde est plutôt étonnant, quand on y réfléchit bien ; encore plus quand on n'y réfléchit pas.

– Mais le surnaturel et le spirituel, ce n'est pas la même chose. Un athée peut avoir une vie spirituelle bien plus intense que, disons, quelqu'un qui assiste à la messe tous les matins, pour ne pas dire aux mâtines. »

Ça avait été une très bonne idée de suivre ce cours de catéchisme il y a cinq ans. Le plus drôle c'est que j'y avais été uniquement parce que ça me permettait de sortir plus tôt les mardis et jeudis pendant tout le trimestre, que Dieu me pardonne.

Il m'a regardée droit dans les yeux. Franchement, il le fait avec autant d'aplomb que s'il avait des lunettes photochromiques. Pas étonnant que les services secrets sud-américains en portent en permanence. Mais dans le cas d'Antony, je suppose que c'est le gynécologue en lui qui ressort. Il vous regarderait dans les yeux en retournant le bébé.

« Bien sûr que j'ai une vie spirituelle, m'a-t-il

rétorqué. Ça fait partie de la nature humaine d'en avoir une. On n'y peut malheureusement rien. Mon frère qui beugle des motets lors d'une eucharistie chantée, ça n'a pas grand-chose à voir avec la spiritualité. Mais lorsqu'il courait comme un fou dans la maison à quatre ans en hurlant : " Les œufs de Pâques. Le Christ s'est levé. Les œufs de Pâques ! ", là ça en avait davantage. La spiritualité est très terre à terre, vous savez, elle a les pieds sur terre, elle est souillée. L'odeur de sainteté, c'est la puanteur du panier à linge. »

J'étais totalement fascinée.

« Vous ne m'aviez pas dit que vous aviez un frère. J'aurais tellement voulu en avoir un. »

Ce n'était pas entièrement vrai. J'avais toujours espéré une sœur mais ma mère souhaitait un fils pour elle, qui aurait été un frère pour moi, donc ce n'était pas un très gros mensonge.

« Mon frère travaille à Bruxelles, m'a-t-il expliqué. Mais en dépit de ce qui est inscrit sur notre livret de famille, c'est un faux frère. Je ne peux nier qu'il ait un cœur puisque sa récente crise cardiaque nous en a fourni une preuve irréfutable. Hélas, la Belgique possède un excellent service de santé et il continue d'expirer sa dose toxique de monoxyde de carbone chaque jour. En fait, il confirme une vieille théorie de mon père que j'ai défendue dans les rangs de la majorité lors de la demi-finale d'un débat scolaire, l'année où l'on a interdit à cette pauvre princesse Margaret d'épouser le capitaine Peter Townsend.

– Et c'était quoi, cette théorie ? » lui ai-je demandé. Il le fallait bien, la balle était dans mon camp.

« Que la tragédie de la médecine moderne, c'est qu'elle sauve trop de vies. Nous avons perdu le débat. Je me suis levé et j'ai dit que j'étais content que ce soit le cas. Dans le bus qui nous ramenait, les copains ont refusé de me parler.

– Votre frère vous a fait quoi pour que vous le traitiez de faux frère ?

– Il ne me ressemble en rien. Le surnom de faux-semblant lui irait comme un gant. »

Voici donc les détails découverts à la troisième bouteille. À moins que ce ne soit à la deuxième et que les serveurs l'aient poussée vers un autre coin de la table. Je ne suis pas tout à fait sûre, parce que les fourmillements qui me parcouraient étaient tellement délicieux.

La maison de famille n'était pas du tout à Tipperary mais à Kildare. Ça aurait d'ailleurs pu tout aussi bien être en Nouvelle-Calédonie, à condition de savoir où ça se trouve, parce que c'était juste un berceau de famille. Ça n'avait rien d'un berceau et ce n'était pas fait pour une famille, encore moins pour les deux serviteurs qui se faisaient renvoyer chaque fois que ça chantait aux parents. Selon Antony il aurait fallu être Thucydide pour suivre le mouvement. La mère était une inadaptée qui achetait des Tupperwares afin de pouvoir balancer des trucs dans la cuisine sans casser le service en porcelaine ; et elle était grossière avec tous les Noirs qu'elle rencontrait sous prétexte qu'un cousin germain dont elle se contrefichait avait été fouetté avec du fil de fer barbelé par un Mau Mau enragé. Lorsque Antony l'a informée de son souhait de devenir gynécologue, elle lui a rétorqué que ça ne l'étonnait pas. Elle s'était préparée au pire depuis la fois où il s'était enfermé dans les toilettes du haut pendant une heure et demie pour en ressortir finalement sans tirer la chasse. Le même soir son père l'avait emmené faire le tour du jardin et lui avait parlé d'Oscar Wilde. Le premier vers de la première scène du premier acte de cette tragédie ô combien terrible avait probablement été écrit le jour où il avait décidé de dormir sans pyjama. Que ce soit une leçon pour tous les garçons de quatorze ans. Antony avait déclaré en avoir treize, pas quatorze, treize, le père avait bafouillé et s'était excusé, Antony était-il bien sûr ?

Il l'était. C'était même sa seule certitude.

« Écoute, lui a dit son père, tu aurais treize mois que ce serait pareil. Ta mère prétend que les parties génitales d'autrui t'obsèdent, que tu veux les toucher et fourrager là où il ne faut pas. Eh bien, laisse-moi te dire ceci : si tu continues comme ça tes prochaines étapes seront le pus, la prison et Paris. Crois-moi. Alors fais attention avant de sauter le pas. Réfléchis bien. Pense à Oscar ; pense à Wilde. »

En fait, il n'avait eu le temps de penser à aucun des deux. Pour lui occuper les mains son père avait décidé qu'Antony devrait abattre le mur du verger durant les vacances d'été. Une fois le mur abattu, son pater changea d'avis : il était catégorique, le verger avait meilleure allure avant. Puis une fois les briques reposées, Antony vit que sa mère lui avait préparé sa malle pour le pensionnat.

« Laissez-moi vous resservir », m'a-t-il dit. Mais l'histoire des briques m'avait tellement donné le vertige que j'ai renversé du vin. C'est dire à quel point j'étais détendue. Pour l'heure les fourmillements m'étaient montés au nez.

Peut-être que je n'étais pas suffisamment sur mes gardes. Je lui ai parlé de ma mère qui se palpait les seins, puis je l'ai regretté. La vérité est parfois plus mensongère qu'un gros mensonge. Mais j'ai essayé de me rattraper en lui racontant combien elle riait des suçons sur mon cou et comment elle écrivait mes lettres de rupture lorsque j'étais contrariée. Et ça aurait effectivement pu être le cas, sauf que je portais des cols roulés et des écharpes et que je cachais mes lettres dans le seul endroit qu'elle n'aurait jamais songé à inspecter, à savoir sous son matelas.

« Elle me donne l'impression d'être une merveilleuse dame, m'a-t-il dit, j'aimerais beaucoup la rencontrer. »

Est-ce bien ou mal ? Ou les deux ? J'ai mes doutes quant à l'appellation de dame. Les hommes qui appellent les femmes des dames les traitent généralement comme des boniches. C'est en tout cas le résumé de ma vaste expérience des fils d'Adam. Le proviseur traite toutes les femmes de dames mais la sienne doit attendre les allocations familiales pour se faire faire des mèches. Puis il la sermonne parce qu'elle a invité les Témoins de Jéhovah à entrer manger de la glace napolitaine et à boire une tasse de thé. Il ne la traite certainement pas de dame à ce moment-là. Il l'appelle femme, et pas du tout comme Notre Seigneur.

D'un autre côté, « j'aimerais beaucoup la rencontrer » équivaut presque à une déclaration, non ? Non ?

Je l'ai éloigné du sujet en lui parlant de mon père qui lisait aux moines tout près de chez nous. Pas un seul n'est venu à son enterrement, et ils se sont encore moins préoccupés d'une procession.

« Que voulez-vous dire ? » m'a-t-il demandé. En tant qu'anglican il ne savait bien entendu rien du silence au réfectoire. Alors je lui ai expliqué comment mon père leur faisait la lecture durant les repas.

« L'histoire sainte ?

– Non. Des romans. *Les Canons de Navarone* et *Meurtre dans l'Orient-Express*. Ils mangeaient leur vermicelle en essayant de trouver l'assassin avant Poirot. Bien entendu ils n'avaient pas le droit de parler, alors ils se faisaient passer des bouts de papier d'un côté de la table à l'autre, avec le nom de l'assassin présumé écrit dessus. Puis le maître des novices a lancé des genres de paris et le père supérieur a dû mettre le holà. Après ça mon père était uniquement autorisé à lire des best-sellers à la gomme. Quoi qu'il en soit, ça les reposait de tout ce travail d'imprimerie et des prières.

– Des mâtines aux vêpres », ajouta-t-il. Il est vraiment très au courant pour un protestant.

Puis je me suis éclipsée aux toilettes. En fait j'y aurais été même si je n'en avais pas eu besoin, parce qu'on ne peut pas écluser toute la soirée sans y aller. Ça pourrait donner l'impression que l'on est un buveur invétéré alors que ce n'est pas mon cas : j'en veux pour preuve que la liqueur versée dans la salade de fruits, et dont j'ignorais le nom, commençait à me monter à la tête.

Les toilettes étaient à l'autre bout du restaurant, près de l'endroit où l'on paie. On ne voyait ni n'entendait la moindre caisse enregistreuse et je me suis demandé si c'était classe ou bien prétentieux ? Je ne peux pas m'empêcher d'être un brin intello, même quand je suis légèrement beurrée, que Dieu me pardonne. Mais j'ai repéré du coin de mon petit œil un objet commençant par M et me suis empressée de faucher la carte avec les prix pour la lire aux toilettes.

Quand je pense aux pauvres gens qui meurent de faim, mon Dieu ! La mousse d'avocat aux crevettes en vinaigrette m'aurait payé trois pots de crème hydratante, et les petits choux fourrés au chocolat et à la noisette un coffret des concertos pour piano de Beethoven. J'étais tellement sciée que j'ai dû m'asseoir. Je n'aurais jamais cru qu'autant de femmes faisaient des bébés. Et encore je ne compte pas les mères de la classe ouvrière qui les ont en location-vente, c'est-à-dire gratuits à la livraison avec des mensualités à rembourser jusqu'à la fin de leurs jours. À trente-cinq ans elles ressemblent déjà à Golda Meir.

Peut-être que ce sont les hystérectomies qui rapportent. C'est vrai que de nos jours c'est de la *haute couture* *.

J'ai eu un petit problème avec le papier toilette. Il n'y en avait pas. J'ai farfouillé dans mon sac à main puis je me suis rappelé que j'avais épongé le vin. Alors j'ai dû m'essuyer avec un billet de cinq livres. Vous imaginez ? Celui qui a aboli le billet d'une livre n'a pas fait preuve d'une grande imagination. C'est probablement un homme qui se contente de s'égoutter quand il a fini. Mais je n'allais pas propulser le billet dans l'Atlantique nord. Un billet de cinq livres c'est huit livres et six pence avant les retenues fiscales.

Je l'ai fait sécher sous le sèche-mains électrique et il était comme neuf. Je le donnerai à la quête dimanche et j'espère bien que quelqu'un me verra.

Quand Antony est allé payer, oh mon Dieu, je me suis souvenu du menu resté aux toilettes. Heureusement, ils en avaient un autre. Au pire je lui aurais expliqué que je l'avais emporté pour calculer ma part. Il y a des mensonges que l'on ne devrait même pas songer à éviter.

Je lui ai demandé de me déposer au coin de la rue, devant l'épicerie de nuit. Non parce que je ne voulais pas qu'il voit l'état de la maison ; mais plutôt parce que je n'arrivais pas à me rappeler dans quel état je l'avais laissée. Je lui ai dit que je voulais faire des commissions nocturnes.

« Vous êtes rafraîchissante », m'a-t-il lancé en riant.

Ah pour ça il riait.

Puis il a ajouté, toujours en riant :

« J'ai une très grosse commission à faire. »

L'épicerie de nuit était fermée. Elle affichait : *Nous ne fermons jamais* ; et puis en dessous il était marqué : *Fermé*. Ce n'est pas un panneau, c'est un graffiti ! J'ai sorti mon surligneur orange et j'ai écrit sur la vitrine : *Vous ne pouvez pas avoir le beurre et l'argent du beurre.*

Les voisins avaient débarrassé leur pelouse de toutes les feuilles de mon eucalyptus qu'ils avaient poussées sur la mienne. Ils s'imaginent que je conspire avec les vents dominants ou quoi ? Depuis qu'il a perdu son boulot et que je l'ai aidé à remplir ses formulaires d'allocations chômage, le bonhomme ne me connaît plus. Même à la messe – la fois où il n'y avait plus d'hosties dans le ciboire et où le prêtre atteint de la maladie de Parkinson a dû retourner au tabernacle pour en prendre d'autres – et alors que nous étions plantés tous les deux devant l'autel comme des imbéciles, il ne s'est même pas tourné vers moi pour me parler, ce qui n'est désormais plus interdit. Ce n'est pas vraiment un manquement à la loi canonique que de demander : « Comment allez-vous ? » tout de même ! Et quand le prêtre est revenu, je savais qu'il communierait à l'opposé de ce que je choisirais. Et ça n'a pas loupé, j'ai pris l'hostie dans la main, comme toujours, et lui a ouvert la bouche.

Je pense qu'il me déteste plus qu'il ne détesterait un huissier. Et sa femme est pire. Elle est tellement en colère. Ça devrait être inscrit dans le dictionnaire, cette colère des épouses. *Colère. Nom, intransigeant. Émotion type des épouses.*

J'étais nue comme un ver lorsque ma mère a appelé.

« Où étais-tu passée ? » m'a-t-elle demandé. Elle était bigrement contrariée.

« Je suis allée voir des films rigolos. On jouait *Allô maman, ici bébé, avec* des morceaux de *Jaques et le Haricot géant* au milieu.

– Qu'est-ce que tu fichais là ?

– J'aime bien.

– Tu me sembles un peu trop montée en graine pour des histoires de haricot. »

Ma nudité me mettait très mal à l'aise. J'ai désespérément essayé de tenir le téléphone avec ma mâchoire pendant que je me couvrais.

« J'ai dû utiliser l'antenne portative ce soir », m'a-t-elle informée.

J'ai attrapé le *Sunday Times* de la semaine dernière et je me le suis enroulé autour du ventre.

C'est comme ça que ce pauvre Bertrand Russel s'est retrouvé bouche bée devant mes deux orifices.

« Écoute, lui ai-je répondu, je ne suis pas une télévisionologue. Appelle donc les gens du câble.

– Tu n'aurais pas un peu bu ?

– Je suis désespérément sobre, comme toujours. Je suis la sainte patronne des déshydratés.

– Tu es soûle. Chapitre suivant.

– Comment vont tes grosseurs ? J'ai bien pensé à elles.

– L'Alice de Mme Cassidy a eu des jumeaux. Deux garçons.

– Eh bien, elle devrait les emmener voir *Allô maman, ici bébé*.

– Attache-toi les cheveux, des fois que tu vomirais. »

Puis nous avons été coupées, ce qui est tout aussi bien, franchement, même si j'avais une question à lui poser. Je voulais lui demander en quelle année on avait interdit à la princesse Margaret d'épouser le capitaine Peter Townsend. Si je savais ça, j'en saurais plus sur Antony.

Avant de m'allonger dans les bras tendres et fougueux de Monsieur Morphée, il m'a semblé que je devrais enfiler mon manteau et mes bottes puis trottiner jusqu'à l'épicerie de nuit avec une éponge. Il y a des choses qu'il vaut mieux taire. Le monde se passe de commentaires et le silence est parlant.

De plus, je crains fort d'avoir signé en bas.

Mercredi 7 février

Quand je me suis réveillée il neigeait de la vraie neige. Le jardin ressemble aux quarante cartes de Noël avec un jardin sous la neige peintes par l'artiste atteint de thalidomide et que je n'ai jamais trouvé le temps d'envoyer à quiconque. Je ne sais même plus où je les ai mises à présent.

J'étais tellement heureuse de voir la neige. J'allais pouvoir lézarder au lit quelques heures de plus et accuser la voiture. Puis je me suis souvenu qu'elle était garée devant l'école depuis hier soir, depuis Antony. Ma migraine m'est remontée à la tête, et cette fois-ci ça a été un vrai calvaire.

Si j'avais su quelle journée étrange et familière ça allait être, je n'aurais pas éteint « La prière du matin », que Dieu me pardonne ; surtout qu'ils recevaient un rabbin et qu'ils font toujours un gros effort pour ne pas être trop transcendants à huit heures moins vingt alors que le miroir refuse tout simplement de détourner le regard. Je trouve que j'ai trop de miroirs dans cette maison de toute façon. Pas étonnant que le proviseur se rase dans sa voiture.

Xerxès était dans le sèche-linge quand je suis partie au travail. Pauvre petit éléphant d'Afrique avec des oreilles comme une carte de l'Inde. Il n'a rien fait pour mériter ça. J'espère qu'il ne sera pas trop ratatiné et amaigri quand je le ressortirai. Je n'en ai pas encore eu le courage. S'il est tout rabougri, ce sera un très mauvais signe ; en même temps que je ne pouvais pas me contenter de le tamponner, il puait.

Bien sûr, ça aurait pu être pire. En tout cas, je suis arrivée aux toilettes avant le gros de l'affaire. Si je buvais plus régulièrement, ça n'arriverait jamais.

Les tickets de bus sont deux fois plus chers que la dernière fois que j'en ai pris un. Mais il y a plus terrifiant que le prix du ticket, c'est l'humeur des gens. La Sécu devrait offrir une thérapie à chaque usager régulier.

Pour le contrôleur j'étais mademoiselle et pour l'étudiant plongé dans ses mots croisés à mes côtés, j'étais madame. Je l'ai aidé avec *atrium* et il était ravi. Puis je l'ai aidé avec *follicule* et il s'est montré poli. Alors je l'ai fermée lorsque j'ai vu qu'il n'arrivait pas à deviner *ferment*. Puis j'ai entendu une petite voix tranquille.

« Mademoiselle. »

C'était Elton, un petit sixième. Le pauvre enfant portait des chaussettes en guise de gants. Je lui aurais bien donné les miens, mais les parents auraient levé les bras au ciel et ça aurait probablement été jusqu'au Conseil d'administration. Alors je lui ai acheté des transferts Batman pour ses tennis à la boutique près de l'école. Puis il a filé pour faire tomber la neige des bébés peupliers. Il est encore suffisamment jeune pour être le verbe fait chair. Dans vingt ans ce sera le verbe fait poisson, chair et poison.

J'ai passé une heure formidable avec les premières autour de Milton. On a parlé du paradoxe de son adoration pour Rome alors que c'était un puritain ; on a parlé du paradoxe d'un chrétien rédigeant de superbes discours pour Satan, et puis on a parlé quelque temps de *L'Exorciste*, puisque tel était leur souhait. Personnellement j'avais toujours cru que ce film était interdit aux moins de dix-huit ans. Ils sont tous tombés d'accord pour dire que la meilleure scène était celle où la tête pivote et où elle vomit partout. C'est là que j'ai essayé de les pousser à nouveau vers Milton et sur son utilisation de mots latins merveilleusement longs qui compensaient une absence de vie sexuelle et représentaient en fait une forme de cunnilingus.

Était-ce vraiment une chose à leur dire ? Peut-être pas. On a le droit de leur montrer des photos de chaise électrique ou d'un bébé mangeant des mouches à viande dans une ruelle du Bangladesh, mais pas de leur dire que les gens s'ouvrent les uns aux autres comme pour la communion.

« Antony », ai-je dit.

Tony, au fond de la classe, a dû croire que

j'étais fâchée contre lui, alors il a fait un gros effort pour participer.

« Je pense qu'il a un peu pitié de Satan.

– Pourquoi penses-tu cela, Antony ?

– Eh ben, vous auriez pas envie d'être Satan si vous deviez finir comme lui. L'enfer c'est l'enfer, même si vous êtes le seigneur des lieux. Je sais qu'il essaie de pousser les autres pauvres diables à voir le bon côté des choses, mais c'est comme serrer des mains dans un supermarché si vous voulez être élu. »

Et dire que l'autre Meggie voulait lui faire suivre des cours de rattrapage !

« Mademoiselle », a-t-il lancé.

Il portait son tee-shirt *S.O.S. Fantômes* par-dessus deux pulls, il sentait les tennis trempées et le Clearasil contre les points noirs qu'il garde dans son cartable. J'aurais voulu l'emmener chez moi, lui donner de la limonade et de la soupe aux carottes pour soigner sa toux, puis le frotter de haut en bas dans un drap de bain.

« Moui ?

– Pourquoi est-ce que le liquide pour stériliser les biberons s'appelle Milton ? Les mères de famille me demandent toujours de leur porter des bidules pour leurs bébés jusqu'à la voiture parce qu'elles ont peur que les sacs lâchent. Et j'ai remarqué que ça s'appelait Milton. »

J'avais une meilleure idée : à la place de cette soupe aux carottes et autres bêtises, je le laisserais entrer dans le bureau du proviseur un de ces jours et il pourrait y téléphoner à son père, en Australie.

« C'est parce que Milton tue quatre-vingt-dix-neuf pour cent de tous les microbes connus. »

Mais je leur ai recommandé de ne pas mentionner l'aspect sexuel du langage de Milton, ça ne pourrait que leur faire perdre des points à l'examen.

Ce qu'il leur faudrait, dans la salle des examens

justement, c'est mille mots sur la beauté faite vérité et la vérité faite beauté selon Keats, pas mille et un mots sur « Une journée dans la vie d'une file d'attente à l'A.N.P.E. ».

L'aumônier est entré d'un pas tranquille au moment de la pause-café. La bagarre pour décider s'il devait payer ou non sa tasse a été réglée. Il la paie. Un des profs de gym lui a suggéré de ne pas en boire du tout à cause des conditions de travail des récoltants de café. J'avais bien envie de lui rétorquer de ne pas faire de roue par solidarité avec les arthritiques. Mais bien entendu il avait déjà filé avant que j'ouvre la bouche et j'ai dû me contenter d'un ersatz ; j'ai donc partagé ça avec l'aumônier.

« Ho, ho, ho », a-t-il fait.

Je lui ai posé la question directement. J'avais ruminé ça dans tous les sens.

« Dites-moi, lui ai-je demandé, si je peux communier dans une église anglicane ?

– Vous pouvez communier dans une piscine si vous voulez. Mais ce serait mieux si elle était vide. »

Je vous parie ce que vous voudrez qu'il connaît mon vote pour décider s'il devait payer ou non. Je vous parie ma chemise.

« Vous savez bien ce que je veux dire.

– Ah bon ? En êtes-vous tout à fait sûre ? Vous êtes drôlement optimiste, vous, si vous pensez que deux personnes peuvent se comprendre.

– Écoutez, j'ai encore quatre classes à assurer.

– Et moi je dois aller voir une mourante. Il faut que je l'informe de son état.

– Donnez-moi son numéro de téléphone, je lui ferai passer le message. »

Il m'a regardée comme si c'était moi qui aurais dû prendre des médicaments. L'Église, l'Église, mon Église. Qu'est-ce qu'ils lui font ? Et à moi ? Ce type ne connaît rien à rien. Il ne penserait même pas à réchauffer l'eau avant un baptême.

Et c'est la même chose pour la première communion. Il n'y a que les hommes pour avoir l'idée d'amener les enfants à l'autel à l'âge de sept ans et pas avant, lorsqu'il leur manque plein de dents de devant et qu'ils ne peuvent pas sourire comme il faut devant l'appareil photo. Il n'y a que les hommes pour ne pas remarquer les petites choses qui rendent les plus grandes supportables.

« Ce que vous voulez savoir c'est si l'on peut communier lors d'une eucharistie anglicane, c'est bien ça ?

– Vous êtes sidérant : vous avez réussi à résumer ma pensée !

– Eh bien, il y a deux réponses possibles, et qui sont toutes deux des questions. La première c'est : Pourquoi ? La seconde c'est : Pourquoi pas ? Le Pourquoi vous regarde. Quant à l'autre, à savoir le Pourquoi pas, je pense qu'on pourrait dire en toute équité : Pourquoi pas Pourquoi pas, hein ? C'est mon sentiment en tout cas.

– Et c'est la même chose ? Est-ce que c'est strictement la même chose, ou est-ce que ça l'est plus ou moins ?

– Écoutez, Pie XII est mort et il y a un acte de décès pour le prouver. Nous vivons dans le meilleur des mondes. Personnellement j'aurais tendance à ne pas prendre une eucharistie anglicane aussi sérieusement qu'une eucharistie catholique. Disons que je la prendrais aux deux tiers sérieusement. Si je devais communier lors d'une eucharistie anglicane, eh bien je suppose que je baisserais la tête aux deux tiers de ce que je ferais pour la messe ; et je prierais durant, disons, six minutes au lieu de neuf. J'appliquerais aussi le même principe à la quête.

– À vous entendre, on se croirait en train de vanter les mérites comparés de Coca et de Pepsi. »

Mais il m'a coupée brusquement.

« Qu'est-ce que vous avez mangé hier soir ?

– Du poulet. Du poulet avec une sorte de farce aux raisins, sous une couche de moutarde et d'herbes frites.

– Eh bien, au lieu d'entamer une controverse entre hémisphères gauche et droit à propos des particules subatomiques d'une gaufrette consacrée, pourquoi ne réfléchiriez-vous pas aux élevages en batterie ? Si la chute d'un moineau est une providence, alors pourquoi ne pas envisager la solution finale pour le problème de la volaille ? »

Je n'ai pas trouvé de réponse qui n'aurait pas sérieusement empiété sur ses droits constitutionnels.

« Pardonnez-moi.

– Pourquoi ? Pourquoi l'un de nous devrait-il être pardonné ? »

Il avait dû encore lire un de ces livres bizarres où il écrit son nom en grec sur la couverture. À mon avis il n'y en a pas pour très longtemps avant qu'il ne jette l'éponge, épouse une femme de mon âge avec des couettes et se mette à cultiver cent quarante-cinq variétés de perce-neige. L'autre Meggie lui donne trois ans et lui fait sentir son ventre lorsque le bébé remue.

« Eh bien, dis-je, si je ne me bouge pas, les troisièmes ne sont pas prêts de découvrir pourquoi il ne faut pas utiliser trop souvent “ il y a ”. Et ça leur gâcherait la journée. »

Puis je me suis levée.

« Vous devriez les mettre en garde contre les interro-négatives tant que vous y êtes.

– Prenez bien soin de vous, lui ai-je répondu aussi sec.

– Vous êtes tellement charmante, Meggie. »

Cet homme est un mystère. Je n'arriverai jamais à le percer à jour. Il serait plus facile de découvrir ce qui se cache à l'intérieur du sac à main de la Reine.

Il est treize heures trente, hé ho, hé ho, j'm'en reviens du boulot, quand... quoi ?

Il y a un homme. Il y a un homme que je connais. Il y a un homme que je connais debout dans la gadoue au milieu du parking. Cet homme est superbement coordonné ; je ne vois pas ses chaussettes. Il me fait penser à une publicité pour du tabac à pipes. Son odeur est celle du duty free à l'aéroport de Zurich. Son visage ne s'illumine pas. Il est inondé de part en part. Même les oreilles que sa mère avait scotchées pour sa photo de maternelle sourient.

Il s'était souvenu que la voiture était au garage. Il s'était dit que j'apprécierais peut-être qu'on me ramène. Les bus sont tellement pénibles quand les routes sont mauvaises. N'est-ce pas ? N'est-ce pas ? Meggie ?

Mes ongles sont couverts de craie. La peau en est devenue toute molle. Je n'utiliserai plus jamais le tableau noir. J'utiliserai le rétroprojecteur tout le temps. Pour l'instant, aujourd'hui, je les cache sous *Le Paradis perdu*.

Nous nous asseyons dans la voiture. Bien sûr que nous nous y asseyons. Nous aurions du mal à nous y agenouiller, non ? Les garçons se mettent debout sur les pédales de leurs vélos et regardent à l'intérieur. Deux filles se passent du vernis à ongles noir. Je pense à chaque partie de mon corps – de mes cheveux à mes orteils – à ce que j'ai lavé et ce que j'ai oublié, aux parfums et aux atomiseurs que j'ai choisis ou omis de choisir. Dieu merci ma bouche est propre et fraîche grâce à un yaourt qui l'était aussi. Mon haleine sent l'ananas. Il s'est remis à neiger et les gros flocons paresseux tombent au ralenti tels des confettis à un mariage dans un arrêt sur image. Les essuie-glaces se traînent lourdement contre le pare-brise, trois fois à la minute. Leur lourdeur est tellement, tellement, tellement adorable ; et le monde est aussi silencieux qu'une salle de classe en été, on n'entend pas un seul froissement dans la région boisée et chaude des pupitres.

À l'odorat je repère la forêt cinq, dix, quinze minutes avant que nous ne l'atteignions. C'est parce que j'ai arrêté de fumer au bon moment. Je sens les troncs des sapins de la nouvelle plantation aussi finement que la résine collante sur mes mains ce soir où, il y a exactement deux mois, j'ai tiré l'arbre du coffre de ma voiture et ma mère s'est trouvé une grosseur sous l'aisselle. Même si je ne savais pas où nous étions je ne serais pas perdue ; je ne serais perdue que si je ne savais pas pourquoi nous y allions.

L'aumônier lui tend la main et lui parle. Elle fronce les sourcils en direction du plafond couleur abricot tandis que les élèves infirmières emmènent le long du couloir son gamin de trois ans, qui se pavane, pour lui trouver une carotte pour son bonhomme de neige dans la cuisine. Elle demande à l'aumônier de verser l'eau froide de la bouillotte refroidie dans les jacinthes sur le rebord de la fenêtre, et elle se détourne de lui pendant qu'il s'exécute, se détourne de lui pour se retrouver face au mur.

Le ciel est très loin. Sa blancheur a la fine transparence d'une crème pour les mains. Les portières de la voiture se referment avec un bruit de coup de fusil. Puis tout est à nouveau tranquille ; le tableau est silencieux. J'avance un peu. Le bruit de mes chaussures sur la neige est presque doux, comme une croix au crayon dans un livre constitué de pages encore non découpées. Je m'arrête et le silence s'installe à nouveau. Les flocons de la neige qui tombe sont déjà au travail sur la trace de mes empreintes. Il y en a tellement par ici que je commence à m'interroger. Les flocons étaient-ils des fleurs de cerisier dans une vie antérieure ? Aurions-nous dû prendre le risque de venir ici ? Je pense à l'éventualité de s'y retrouver coincés, et combien ce serait terrible. Il me faudrait dormir en petite culotte ; il me faudrait dormir nue afin de garder ma petite culotte pour le lendemain.

J'ai sorti la langue et un flocon y a atterri ; a atterri et fondu ; atterri et fondu et fondu en moi. Je ne l'ai pas touché avec mes dents.

Une boule de neige m'a heurtée sur les fesses. En fait, elle était plutôt dure. Lors d'un séjour à l'hôtel Rainer Maria Rilke dans les Alpes bernoises, la neige serait bien entendu poudreuse et délicieuse, et les boules de neige seraient rigolotes en chemin vers la samba à l'après-ski ; mais ceci était de la neige irlandaise.

« Antony », ai-je dit ; mais pas sur ce ton-là.

Ça l'a juste incité à m'en lancer une autre. Quatre en tout, et pas seulement sur qui vous savez mais aussi où vous savez. Je ne pense pas que mon fessier soit aussi large que ça. Du moins je ne l'espère pas. Je l'ai longuement et objectivement regardé dans la salle de bains il y a une heure, et je dois dire que j'ai vu bien pire dans le magazine que j'ai confisqué avant Noël. Bien sûr, certains hommes sont davantage branchés là-dessus que d'autres ; et Antony est gynécologue. Peut-être bien que la familiarité engendre le mépris. En tout cas elle engendre quelque chose.

« Regarde-moi cette neige », lui ai-je dit. Cela ne m'avait pas semblé idiot sur le moment. De toute façon, je parlais de la neige qui tombait, pas de celle qui était déjà par terre. « Imagine-toi ce que ça a dû être quand ils ont ouvert leurs fenêtres en Normandie et qu'ils ont vu descendre des milliers de parachutes lors du débarquement des Alliés ? »

De toute évidence j'avais dit ça pour trois raisons. Primo ça aurait pu m'aider à deviner son âge. Personne dans la salle des profs n'avait la moindre idée de l'année où la princesse Margaret ne s'était pas mariée ; deux des profs mâles s'étaient même montrés on ne peut plus malpolis en parlant de la famille royale. Deuxio, les hommes aiment parler de la guerre. Je l'ai lu dans *Cosmopolitan* – je ne l'aurais pas forcément cru si ça avait été dans *Prima* ou ailleurs, mais parfois *Cosmopolitan* dit des choses très vraies. L'article sur un premier bébé à la quarantaine était fort bien senti.

J'ai oublié la troisième raison, mais elle était aussi bonne que les deux premières.

« Est-ce qu'ils sont parachutés ou est-ce qu'ils sont libérés sous caution ? » m'a-t-il demandé. Il est drôlement intelligent quand il veut bien s'en donner la peine. Pendant qu'il me parlait d'un oncle mort en Normandie j'étais toujours occupée à concocter une repartie sur la pesanteur ou la chute libre. De toute évidence ça avait été un soulagement pour la famille, c'était un menteur invétéré et sa photo est du plus bel effet sur le bahut.

Puis il m'a remerciée de l'avoir accompagné.

« Ne sois pas ridicule. Je suis ravie. »

Je n'aurais pas dû dire ça. J'aurais dû dire que j'étais contente, ou que j'étais sur le point de faire de même de mon côté ce week-end. Mais je l'avais dit, et les mots voyagent dans l'espace avec la même intensité acoustique, donc tant pis.

« Pour moi, ça représente quelque chose, m'a-t-il expliqué. J'ai toujours eu des sentiments mitigés sur la neige. Bien avant que mon frère ne devienne un autre chou de Bruxelles, un légume complet, on s'amusait beaucoup quand on était gamins. Pendant des années on a eu un vrai toboggan. Puis un beau jour, un nouveau pasteur est arrivé dans la paroisse. Le pauvre gars était aussi petit que ses sermons étaient longs ; tellement petit, en fait, qu'au cinéma il devait s'asseoir avec les enfants au premier rang. Ma mère lui a donné le toboggan pour la chaire, pour qu'il puisse atteindre le micro relié à la sono. Après ça, mon frère et moi avons utilisé de larges plateaux sur une pente raide dans le champ voisin. Le fermier ne s'est jamais plaint. Nous étions protestants et il avait une réputation de libéral. »

J'ai aperçu deux personnes, un homme et une femme, qui se dirigeaient vers nous depuis le tourniquet du parking. Un bambin se balançait entre eux deux. Est-ce qu'un artiste a jamais pensé à représenter la Sainte Famille de cette manière-là ? Et si non, pourquoi pas ? Parce qu'ils avaient l'air adorable. Ils faisaient penser à l'image de Dieu.

« Quand j'avais sept ans il a neigé pendant une semaine, m'a expliqué Antony. Ça n'a pas dérangé mon père. " Mieux vaut être entouré de neige qu'enterré par elle ", nous a-t-il dit. Mais ma mère m'a attrapé en train d'entasser de la neige fondue dans la jauge en cuivre qui mesurait le niveau des pluies. Mon père écrivait les chiffres dans un grand cahier, vois-tu, puis il l'envoyait aux bureaux du gouvernement à Dublin à la fin de chaque année. Et donc ma mère m'a demandé si c'était la première fois que je faisais monter le niveau dans la jauge en cuivre, et j'ai répondu que oui bien sûr. Mais ce n'était pas vrai. Elle le savait rien qu'à me regarder. Elle savait que ça faisait des mois que les chiffres n'étaient pas corrects. Elle était dans une telle rage qu'elle s'est mise à quatre pattes et qu'avec ses mains elle a frappé le plancher nu. Puis elle m'a fait sortir la langue, aussi loin que possible, et elle l'a tapée deux fois avec une antenne de voiture cassée.

– Et ton père a fait quoi ? Il était où pendant ce temps ?

– Il était en haut. Il repassait son journal avant de le lire. »

Il trouvait ça désopilant. Il trouvait toute cette histoire désopilante. Il en a tellement ri qu'il a eu une bulle au bout du nez, ce qui l'a terriblement gêné. La bulle au bout de son nez le contrariait davantage que l'antenne de voiture cassée.

Le couple au bambin nous a croisés. Je les

connaissais. Je les connaissais tous les deux. C'était la fille de terminale qui avait accouché en même temps que l'autre Meggie à l'hôpital. Elle s'était versée de l'eau bouillante sur la main droite pour ne pas avoir à passer son bac, mais l'autre Meggie s'était arrangée avec l'administration pour une série d'oraux à la place. C'était tout elle, ça. Et le beau gosse en treillis du surplus militaire devait être son mari. L'enfant était donc le fruit de toute leur douleur et appréhension, des vodkas dans le bain, des chambres meublées cerclées au khôl dans les journaux du soir, du prêtre de famille appelé à Wolverhampton pour un mariage à la sauvette dans une robe de location. Pourquoi ne lui avais-je pas rendu visite à l'hôpital ? Je sais bien qu'elle n'avait jamais été mon élève, mais quand même. Il avait dû y avoir une très mauvaise raison à l'époque.

Il a dit bonjour, le mari, en nous croisant. Il a dit salut. Je crois qu'il travaille chez un tôlier au nord de la ville parce qu'il y a une petite carte tachée, sur le panneau de la salle des profs, que Meggie a accrochée avec un mot expliquant qui il était et pourquoi nous devrions le soutenir.

« Bonzour bonzour », a dit Antony au bambin. Sa sucette était accrochée par un morceau de ficelle attaché à l'intérieur du capuchon de son petit anorak, et il y avait plein de cochonneries collées sur son nez. On aurait pu mettre sa photo sur l'étiquette d'un petit pot. N'empêche que ça pourrait rapporter des sous ; et puis on aurait des petits pots à l'œil jusqu'à ce qu'il mange du solide.

Elle n'a jamais levé les yeux. Certes mes cheveux sont différents maintenant, un peu plus vénitiens qu'avant. Mais je ne crois pas qu'elle m'évitait. Elle faisait simplement attention là où elle mettait les pieds, le regard fixé sur le sol devant elle. Peut-être même qu'elle était enceinte, et qu'elle faisait donc encore plus attention. J'ai protégé mon visage de la lumière éblouissante et le père a pris l'enfant dans ses bras en imitant le bruit de la scie dans son capuchon tandis qu'elle passait sans mot dire.

J'étais soulagée, franchement. J'aurais eu peur qu'elle s'arrête et pense qu'Antony était mon frère. Si elle avait dit ça je lui aurais expliqué après coup que, oui, j'avais eu un frère autrefois mais qu'il était mort, et que ce n'était pas la peine d'en parler parce que c'était bien trop triste.

« Elle est enceinte d'un peu plus de cinq mois, m'a-t-il dit. Au week-end de la Pentecôte un être humain tout neuf sera mis au monde. Entre sept et neuf livres, et âgé d'environ trente-cinq milliers d'années et demi, le fruit de l'union entre un ange et un chimpanzé.

– Au moins il ne l'a pas laissée tomber. En voilà un qui a dû jouer à Scrupules au lieu du Trivial Pursuit. »

Il a ri à gorge déployée jusqu'à ce qu'eux se demandent de quoi diable nous pouvions bien rire, et puis il m'a dit qu'il ne parlait pas du garçon en treillis de l'armée. Il parlait juste de ce qu'il avait dit. Est-ce vraiment étonnant que j'ai du mal à le comprendre ? D'un autre côté, ses yeux commençaient à me faire penser à ceux de Donald Sutherland.

Pourquoi n'avais-je pas remarqué ça jusqu'ici ?

L'homme, la femme et l'enfant avançaient très lentement dans la neige qui tombait doucement. Les flocons vacillaient autour d'eux, de plus en plus vite, comme ces blancs qui coulent sur les très vieux documents d'archives, maculant la robe blanche de la tsarine tandis qu'elle se retourne sur un balcon blanc, sous une ombrelle blanche, pour rire à l'enfant hémophile dans son costume blanc de marin ; et puis la neige des cadrages efface tout et l'on n'entend plus que le bruit du projecteur qui, en refroidissant, fait penser à un insecte.

Ils avaient disparu. Loin des yeux, loin des oreilles. Tout était aussi tranquille que le rire silencieux de la tsarine morte sous les doux pompons de son ombrelle, quand elle saluait sans écarter les doigts ; saluait vers le blizzard tandis que les raccords fondaient.

Voilà ce que je pensais ; mais je pensais aussi : C'est une belle journée pour un tôlier. Antony aussi a pensé la même chose.

Nous sommes allés dans un pub et nous avons bu trois whiskeys chauds chacun. Ça fait peut-être un de trop pour le chauffeur, mais je n'ai rien dit. Au moins il n'a pas sucé les citrons. Je ne voudrais pas avoir à m'inquiéter de ce qu'il boit. Le fait qu'il soit libre un mercredi après-midi est une colle suffisante. Mais bon, peut-être qu'il travaille par roulement avec une équipe de gynécologues. Et puis, on l'appelle sûrement beaucoup le week-end. La rupture des eaux ne se déclenche pas forcément aux heures de bureau. Alors peut-être qu'aujourd'hui c'était un jour de récupération. Je n'aimerais pas tellement l'idée qu'il soit occupé à nourrir les canards du parc Stephen's Green alors qu'il pourrait être occupé à découper des clientes privées. Après tout, il faut gagner sa vie pour la vivre. Et la sienne est drôlement plus vivante que la mienne, que Dieu me pardonne.

« Pourquoi ne dis-tu pas : “ Que Dieu me garde ” au lieu de : “ Que Dieu me pardonne ? ” » m'a-t-il demandé.

On en était au deuxième whiskey mais j'étais en grande forme parce que nous nous étions approprié le banc près du feu et que le barman m'avait tendu les gants d'Antony pour que je les donne à mon mari.

« Toi tu es pire, tu ne dis ni l'un ni l'autre, lui ai-je fait remarquer.

– Je dis parfois : “ Doux Jésus. ” J'en appelle au

Seigneur dans les circonstances les plus improbables. »

En fait j'ai du mal à l'imaginer en train de dire « Doux Jésus ». Il est plutôt du genre « Bon Dieu ». Quoi qu'il en soit je ne me souviens pas de ce que j'ai répondu mais c'était ingénieux.

« J'habite dans le coin, m'a-t-il expliqué. Ma demeure spirituelle, c'est la distance que je peux parcourir à pied dans une journée ; et ça me convient. J'essuie mes lunettes avec du papier toilette, pas du taffetas. »

Il parlait de manière imagée, bien entendu. Il ne porte pas de lunettes.

« Nous vivons dans un monde en plaqué or, m'a-t-il dit. C'est ce qu'on fait de plus proche de l'or pur. »

Le pub avait mis de la musique de fond. C'était *La Symphonie du Nouveau Monde* de Dvorak. Tout le monde en raffole depuis que ça a été utilisé dans la publicité au ralenti pour ce détergent toilettes. Même le prof de musique l'a enseignée à la fanfare du lycée.

« Mais je crois en l'esprit, a-t-il ajouté. L'esprit œuvre dans ma vie ; et, plus important encore, l'esprit y joue. Je porte un cierge pour le Christ ; mais je ne suis pas sûr de vouloir porter une croix pour lui. La crucifixion, ça prend vingt minutes ; porter une croix ça peut prendre vingt ans. »

Je ne devrais même pas écrire ces choses-là. Je vais m'arrêter. Il y a tellement de colère latente. Je ne suis pas Florence Nightingale.

« C'est ce que je trouve tellement amusant dans ton cas et dans le mien », a-t-il dit. Il n'a pas dit « notre cas » ; il a scindé la phrase en deux pour la déstabiliser.

« Et qu'y a-t-il donc de tellement amusant dans ton cas et dans le mien ?

– Eh bien, tu préfères les chips au fromage et à l'oignon ; et moi ceux au sel et au vinaigre. »

Puis on a arrêté de parler de Dieu et on en est venu à l'essentiel.

Y avait-il quelqu'un d'autre ? Bien entendu il ne l'a pas demandé comme ça. Il n'a pas dit : Me trouveriez-vous terriblement indiscret si je vous demandais si vous avez un soupirant en ce moment ? Et il n'a pas demandé : En es-tu au stade avant, pendant, ou après une liaison ? Je veux dire, on ne peut pas régler ces choses-là à la légère ; et ce n'est d'ailleurs pas ce qu'il a fait. Mais il a préparé le terrain. En fait, il a préparé le terrain d'une manière qui ferait ressembler ce bon vieux duc d'York à une voie romaine. Au bout du compte il est arrivé là où il voulait en venir, et ça s'est résumé à : « Tu as quelqu'un d'autre dans ta vie ? »

Je n'y avais pas beaucoup réfléchi. Ça a dû se voir parce qu'il est parti commander un autre whiskey chaud, ce qui était plutôt sympa.

Que répondre ? Que j'avais atteint la date de péremption à peu près à l'époque où le président Nixon avait démissionné ? Que ça ne me dérangerait pas qu'il soit bizarre et me renifle les pieds pourvu qu'il m'aime, qu'il lave et que j'essuie ou l'inverse, qu'il m'appelle au travail pour savoir comment va ma brûlure, qu'il me parle de la Réforme ou de ce que j'aurais dû dire à l'autre Meggie, et qu'il arrête de mettre trop de sel pour mon bien et celui du bébé ? Et aussi que ça ne me dérangerait pas qu'il regarde les horribles internationaux de rugby ou le cricket à trois heures du matin – avec l'odeur des cigares à bouts coupés qui couvrirait celle des freesias –, qu'il me surprenne une fois ou deux à me rincer les cheveux dans la baignoire avec le pommeau de la douche et m'allonge sur le tapis de bain en plastique avec mon peignoir ouvert et mon pelvis orienté comme un bréchet, là, là, entre la cuvette des w.-c. et les superbes nus bleus de Matisse ; et qu'il me fasse l'amour – homme et enfant tout à la fois – comme si on était à Venise et que je sois une femme qu'il ait amenée ici pour que ses verts, ses rouges et ses jaunes se reflètent dans l'eau comme une allée de lampions ?

Je lui ai répondu qu'il y avait eu quelqu'un d'autre. Mais que c'était fini à présent. Pas mal d'eau était passé sous les ponts.

Il s'appelait comment ?

Tony. Il s'appelait Tony. C'était un diminutif d'Antony.

Curieux.

Non, ça n'avait rien de curieux. Il y avait des milliers d'hommes qui s'appelaient Antony ; surtout chez les catholiques. En fait on ne devrait pas parler de Pierre, Paul ou Jacques. On devrait dire à la place Antony, François et Jean. Il y avait des pages entières de l'annuaire avec le même prénom. Parfois il fallait faire au pif. Les seconds prénoms devraient être obligatoires.

Il faisait quoi ?

À qui, à moi ?

Non. Dans la vie.

Devine.

Oh comme j'aurais aimé avoir réfléchi à tout cela auparavant. Ça avait été une belle négligence de ma part, très franchement.

Gynéco ?

Nan.

C'était plutôt bizarre qu'il me dise ça, mais il ne savait pas encore que Tony était mort. Je venais juste de le décider.

Avocat ?

Au moins, il suppose que je suis toujours sortie avec des professions libérales, ce qui est déjà quelque chose. Il ne lui est jamais venu à l'esprit que je pouvais avoir été avec un prof.

Quoi ?

Biologiste marin, ai-je répondu. Il travaillait sur une plate-forme pétrolière. Il écrivait de la poésie sur Amstrad, sous pseudonyme. Simplement en bidouillant il pouvait rejeter la première strophe à la fin du poème, ou mettre la dernière au tout début. Grâce à l'ordinateur. Ça l'occupait. On ne peut pas vraiment fumer sur une plate-forme pétrolière.

C'était quoi son pseudonyme ?

Marc O' Paulo. Tu ne trouveras ses poèmes nulle part. Ils n'ont jamais été publiés. Je les ai détruits après sa mort. Ils étaient bien trop tristes. Je me les suis lus à voix haute, puis je les ai mis au feu, comme des lettres au Père Noël. Mais ensuite je l'ai regretté.

Il est mort ?

Oui. Dans un accident de voiture en Angleterre. J'étais à un cours de catéchisme intitulé « Au-delà du catéchisme », dans l'île d'Inishbofin. À mon retour il avait été ramené en Irlande et enterré ; auprès de son père et sa mère.

Il n'avait pas d'autre famille ?

Il avait un frère, mort lui aussi, et également enterré avec la mère et le père. Mieux valait ne pas y penser.

Meggie, m'a-t-il dit. Mais pas sur ce ton.

J'ai levé les yeux vers lui.

Je te trouve fabuleuse.

Puis nous avons mangé des morceaux de poulet frit, je lui ai offert mon blanc et il m'a donné ses cuisses, parce que je lui ai dit que j'adorais ça. Je ne sais pas pourquoi, mais je le lui ai dit. Je me sentais tellement neuve et ouverte aux possibles. Je me faisais l'impression d'une étole d'algues séchées lorsque la marée n'en finit pas de remonter puis la recouvre, et que les algues sifflent et se hérissent sous l'effet de l'humidité. Voilà ce que je ressentais, où, quand, et comment. C'était le pourquoi et le comment de cet après-midi enneigé.

Il m'a déposée à l'école, et sur qui je suis tombée ? Sur le proviseur dégarni. Ses qualités directoriales transpiraient par chaque capillaire restant.

« Meggie, est-ce que vous avez parlé sexe avec les secondes ?
– Oui.
– Vous leur avez parlé de trucs bizarres ? »
Il devait faire allusion au cunnilingus. Qu'est-ce qui m'avait pris d'en parler ? Quand je leur avais montré la série sur l'Holocauste il y a deux ans, le conseil des parents d'élèves avait été mis en émoi par des danseuses aux seins nus dans la boîte de nuit de Weimar. Quand apprendrais-je à me tenir ? Bien évidemment, le jour où ce sera le cas je pourrai m'arrêter d'enseigner.
« J'ai parlé d'un homme et d'une femme en train de faire l'amour.
– Uniquement des hétéros pas tordus ?
– Mais oui. Avec un homme qui fait des trucs à un vagin.
– Désolé. J'ai dû mal interpréter. »
Et le voilà reparti, la main dans sa veste comme Napoléon. Je crois qu'il aime palper ses cartes de crédit. Elles lui font office de gri-gri.
Aux feux je me suis retrouvée arrêtée à côté d'un panier à salade et j'ai baissé la vitre puis monté la radio, au cas où il y aurait eu à l'intérieur un pauvre prisonnier essayant d'allumer une cigarette avec ses menottes aux poignets. En fait, ils passaient *Les Portes du pénitencier*, donc les paroles n'étaient pas ce qu'il y avait de mieux, mais peut-être que la mélodie le distrairait. J'espère seulement que les gardiens se sont sentis tout petits petits.
Ma mère a appelé. Surprise, surprise ; et voici une autre nouvelle étonnante : la Tour de Londres est à... Londres. Ce que je ne comprends pas c'est pourquoi, chaque fois que ma mère est à l'autre bout, la sonnerie me fait penser à l'ouverture de la Cinquième de Beethoven.
« On ne joue pas *Allô maman, ici bébé*, m'a-t-elle dit, mais *Blanche-Neige et les sept nains*. »

J'avais oublié mon gros mensonge mais elle pas.

« Je me fais du souci pour toi. Quand tu me mens je me fais du souci pour toi. Ton père était terriblement doué pour les mensonges pieux, mais au moins ils étaient pieux. Ils n'étaient pas vagues, ils n'étaient pas vaguement pieux, et encore moins pieusement vagues.

– Je pars à vau-l'eau, lui ai-je répondu. J'ai tout ce qu'il faut pour devenir S.D.F.

– C'est probablement la ménopause. C'est tout ce jogging qui a dû précipiter les choses.

– Je sais. C'est à te flanquer les boules, non ? »

Et j'ai raccroché, que Dieu me pardonne. Un de ces jours cette femme va mourir. C'est dire à quel point elle peut être manipulatrice. Puis je mourrai de mille morts, ce qui est bien pire. Ses pantoufles seront garées sous ma télé jusqu'à ce qu'on m'enterre, et il faudra que je fasse don de mon corps à la science pour éviter d'être enterrée au-dessus d'elle.

Quoi qu'il en soit, je regrettais d'avoir parlé des boules. J'ai pensé à tous les cachets qu'il lui fallait prendre – les couleurs, les mélanges, les comprimés que je lui coupe en deux – et les boîtes en plastique qu'elle garde pour y mettre les timbres, les punaises et la menue monnaie américaine qu'elle garde parce que ce serait utile si on va un jour à New York et si on y prend le métro. Ses cachets ont des noms de seigneurs de guerre assyriens dans la Bible ; les titres de princes hittites entourent ses granules ; ses gélules sont les dépositaires des Dix Commandements. C'est une captivité babylonienne, et elle n'a rien fait pour mériter tout ça. Si son père avait fait comme le mien, s'il avait tatoué sur son genou gauche son nom à elle – qui est aussi le mien – alors elle aurait su qu'il y avait un endroit qui lui était réservé, un genou qui ploierait toujours à la vue de son nom.

Mais elle avait décroché le téléphone.
Bon.
Xerxès va bien. En fait, il a adoré le sèche-linge. Il veut y retourner bientôt. Incroyable comme sa trompe s'est redressée, et je ne vous parle pas de ses oreilles. Elles sont majestueuses. Ce soir je le laisserai dormir la tête sous mon bras, c'est ce qu'il préfère.

Mercredi 14 février

« Il y a un homme à la voix superbe qui te demande au téléphone, Meggie », me dit l'autre Meggie. Effectivement. Mais d'abord j'ai essuyé le combiné. Il puait la fumée de pipe. Ça devait être celle du vice-proviseur.
Antony était chargé de garder un garçon de cinq ou six ans pour un docteur de ses amis qui devait s'expliquer sur cent quatre-vingt-deux contraventions. Il s'était garé où bon lui semblait puisqu'il se préparait à émigrer à Hongkong. Et maintenant il avait changé d'avis en ce qui concernait l'émigration, mais la police n'en avait pas changé en ce qui concernait les cent quatre-vingt-deux contraventions. Il serait au tribunal à quatorze heures. Antony irait au zoo. Le gamin aussi. Serais-je tentée par une étude des zèbres afin de décider s'ils étaient noirs avec des raies blanches ou inversement ?
Je lui ai répondu qu'en ce moment j'enseignais *La Ferme des animaux* et que je serais donc ravie de l'accompagner.
Quant à Meggie, la curiosité lui donnait la jaunisse.
« Il est marié ?
– Sa femme est morte en couches. L'enfant aussi. C'est tellement triste.
– Eh bien, quand j'ai entendu sa voix, j'ai instinctivement rentré le ventre. Puis je me suis sou-

venue que j'étais enceinte de six mois. Je doute qu'une telle voix s'intéresse à une mère de famille dans la trentaine ? »

Je n'avais pas vu de zèbre depuis l'école. Un de mes cousins qui utilisait une lampe à bronzer pour ses boutons m'avait emmenée à un bal organisé par le zoo ; mais il s'était soûlé comme un Polonais quand je ne l'avais pas autorisé à faire claquer mon élastique, et pour finir il avait balancé des cigarettes allumées dans la cage des capucins.

« Il a vraiment une voix superbe, ai-je acquiescé. On dirait presque un doublage. »

Ce qui était drôle, c'est que je portais des collants, pas des bas.

« Mais est-ce qu'elle est authentique ? Il est protestant, ou est-ce qu'il fait semblant ? C'est du pâté de foie gras ou bien de l'Olida ?

– Il est anglo-irlandais, lui ai-je répondu. Mais ce que je préfère chez lui, c'est le trait d'union.

– Alors, m'a demandé l'autre Meggie en s'approchant de si près que j'ai vu son bridge, est-ce qu'il a réussi à te déflorer ?

– Tu devrais le savoir. Tu racontes toujours que tu peux prédire à la démarche d'une femme si elle s'est faite tringler la veille.

– Il t'a peut-être effeuillée, Meggie, mais en tout cas il ne t'a pas ôté tes épines. »

Je me suis levée pour partir. Je passe mon temps à ça dans cette salle des profs. C'est le seul moyen de se débarrasser des gens. Il y a des fois où j'envie presque la conseillère d'orientation, qui est sourde. Personne ne l'embête jamais pendant qu'elle découpe ses dessins humoristiques dans le *New Yorker* pour les coller ensuite dans son album.

« J'ai l'intuition, a ajouté l'autre Meggie, qu'il y a une grande alchimie en cours dans ta vie privée.

– Pour ce qui est de l'alchimie, je ne sais pas,

Meggie, mais la biologie est de tout premier ordre. »

Elle n'a rien trouvé à répondre alors bien sûr le bébé a sauté tout à coup dans son ventre et il a fallu que je le touche, là, et là, jusqu'à ce que j'effleure tout à fait accidentellement son nombril, qui était bizarre. Ce n'était pas un bouton mais une protubérance. Je suis sûre qu'à la plage elle porte un maillot au lieu d'un bikini. Mais je ne le lui ai pas demandé, j'ai laissé passer. C'était ma pénitence pour avoir parlé de boules à ma mère la semaine dernière.

Le zoo n'avait pas changé d'un iota. Les animaux n'avaient pas vieilli non plus. Le temps s'était arrêté depuis le jour où l'institutrice nous avait fait faire le tour des bâtiments en file indienne, les yeux bandés, en nous demandant de deviner les hippopotames et les kangourous à l'odeur ; jusqu'à ce que nous tombions sur un groupe d'enfants aveugles guidé par deux albinos. L'institutrice s'est alors assise à l'écart, la tête enfouie dans ses mains, tellement immobile que les flamants roses sont sortis de l'eau pour s'approcher d'elle et picorer dans le cornet de frites à ses pieds.

Le garçonnet venait d'Asie du Sud-Est, son nom évoquait le son du xylophone, mais son anglais sortait tout droit de l'époque edwardienne. Quand le gardien responsable des éléphants lui a demandé d'où il venait, il a répondu « Churchtown » et tout le monde a ri et pensé que j'étais sa mère, ou sa belle-mère ; j'ai rentré à l'intérieur l'étiquette qui sortait de son pull, puis j'ai tenu son carton de jus d'ananas vide à la main jusqu'à ce que l'on trouve une poubelle près de la cage aux singes.

Il y avait des mégots sur le macadam, mais pas de bâtons de sucettes glacées. Il faisait encore trop froid. J'ai pensé à mon cousin et aux cigarettes qu'il avait balancées, comment il les avait allumées l'une après l'autre, comment elles avaient étincelé en touchant les barreaux, comment deux d'entre elles étaient passées de l'autre côté, dans l'obscurité où bougeaient les singes. Et j'ai pensé aux cris quasi humains, semblables à ceux qui sortent du fauteuil du dentiste, les plaintes basses et crispées tandis que les bouts allumés brûlaient la partie rose à l'intérieur de leurs oreilles ou le plat grassouillet de leurs langues.

L'un des chimpanzés regardait la télé. Ça devait être une vidéo parce que j'avais vu le même jeu il y trois semaines. J'aurais sûrement trouvé les réponses mais il n'y avait pas de son, ou alors il avait été baissé. Toujours est-il que le chimpanzé applaudissait en même temps que les spectateurs, mais plus lentement, voire avec ironie, comme s'il pensait que tout était combiné d'avance.

Antony a fait glisser sa main sur mon derrière et j'ai essayé de ne pas contracter mes muscles. J'ai essayé d'être cool et californienne, bien sûr. Je voulais qu'il sente que j'ai l'habitude qu'on me touche, que ce n'est pas un problème, que ce n'est pas du harcèlement. Mais c'est quand même dur de laisser un homme vous toucher le derrière, surtout si cet homme est gynécologue et que vous avez toujours trouvé votre cul plutôt cucul, en fait.

Les singes tendaient leurs mains entre les barreaux. Tout du long d'une rangée de cages, des doigts et des pouces s'ouvraient en paumes patientes et roses. Et je voulais qu'il neige, lentement et soudainement, pour que les flocons basculent dans leurs mains, dans une blancheur qui virerait à la transparence, comme une hostie de communion.

Il n'y avait personne alentour, à part les singes. J'ai posé ma main sur le derrière d'Antony et je l'ai bougée légèrement de bas en haut. Mais je ne sais pas si ça lui a plu parce qu'à ce moment-là il s'est dégagé ; et le garçonnet dont le nom évoquait le son du xylophone a fait tourbillonner le porte-clés avec un singe que je lui avais offert et l'a balancé bien haut sur le dessus de la cage du singe originaire du Sud-Est asiatique. Quand nous sommes partis, le singe essayait toujours de tirer le porte-clés à travers les mailles souillées du barbelé.

On a ramené le gamin à son père au tribunal. Il semblerait que la femme doive faire son deuil des îles grecques cette année. En guise d'odyssée, elle aura plus de chance en lisant Homère dans son jardin. Lui semblait trouver ça merveilleusement drôle par contre. La pauvre femme s'est déjà acheté un kimono pour Mykonos dont elle a enlevé l'étiquette parce qu'il n'est pas de marque, et elle se retrouve coincée avec. Mais il n'a pas ri quand il a trouvé une contravention sur sa voiture garée devant le tribunal. Ça en fait cent quatre-vingt-trois. Je crois que le Seigneur essaie peut-être de lui intimer l'ordre de partir pour Hongkong.

Antony a dit qu'il voulait m'acheter quelque chose.

« Ne sois pas ridicule, pourquoi voudrais-tu m'acheter quelque chose ? »

Mais il a insisté. Il le fallait. J'avais été tellement chic.

Je n'aime pas tellement ce terme, ça fait un peu trop « tasse de thé cul coincé », franchement. À tout prendre, je préférerais qu'on me trouve chouette. Mais il a vraiment insisté, et il a continué d'insister jusqu'à ce que j'insiste pour qu'il arrête. On était devant une boutique de lingerie extrêmement élégante, avec toutes sortes de choses noir et bordeaux minces comme un fil et je craignais qu'il veuille m'attifer avec un truc qui aurait eu l'air très élégant et sensuel dans une ambiance publicitaire de glace sèche et de stroboscopes, mais qui vous aurait fait ressembler à l'abominable femme des neiges dans l'intimité de votre chambre. Je n'en fais pas une question d'idéologie non plus. Une guêpière est tout à fait catholique et réglo, même si je ne comprends pas pourquoi on dit catholique plutôt que protestant ; j'aurais pensé que c'était la garde-robe hivernale des femmes désespérées. D'autant plus qu'on ne peut vraiment pas dormir correctement dans une pelure aussi ajustée. Celui qui se rincera l'œil, c'est le bonhomme. Moi je préfère les culottes en coton.

« Nous y voici », a-t-il dit, mais on était trois portes plus loin que les porte-jarretelles et il aurait pu le dire en français ; parce que nous entrions dans une boutique de haute couture française où les employées sont toutes des filles d'ambassadeurs, dont deux ont même eu leur père assassiné. En fait, je pense que l'un d'entre eux a peut-être même été mangé, le pauvre homme. Antony leur a parlé en anglais, parce qu'il a trop de classe pour ne pas se contreficher de ne pas parler français couramment.

« Et maintenant, a-t-il lancé, je vais te demander de te déshabiller. »

Il a souri, la fille aussi, et j'ai ri, ce qui faisait cloche mais je ne pouvais pas m'en empêcher. La spontanéité est une vraie malédiction. Ce qu'il me faut c'est dix scénaristes pour polir mes répliques chaque matin avant que je ne quitte la maison. Et le plus drôle, c'est que je peux me balader dans la classe tel un joueur de flûte des temps modernes devant mes élèves qui rient de tout. Même les bûcheurs à lunettes ont des érections si la fermeture Éclair dans le dos de ma jupe se met à glisser, que Dieu me pardonne. Mais plantez-moi dans une boutique chic de la plus *haute couture* *, et voilà que les carrosses se transforment en citrouilles et que les carottes sont cuites.

Dieu d'Abraham, Dieu d'Isaac, Dieu de Jacob,

Dieu de Joseph, Dieu de tous les autres grands noms de la Bible, faites en sorte que je ne devienne pas un bas-bleu. Je vous le demande au nom de Jésus.

J'en aurais essayé des tonnes, mais ça risquait d'être vulgaire.

Ils avaient des rouges et des roses superbes, mais que faire quand on est blond vénitien ? Il y avait un exquis chemisier ivoire avec le choix entre un gilet bleu pâle ou turquoise, et une petite robe noire très décolletée en strass, absolument, merveilleusement, divinement superbe, très droite et près du corps, avec des accessoires à vous faire pleurer. Mais le prix était un mélange de *miles* et de kilomètres multipliés. On aurait pratiquement pu la donner au tiers-monde comme paiement en nature.

J'ai finalement choisi une sage robe jaune citron. Ça me semblait être l'article le moins cher de la boutique et il y avait une tache dessus que j'ai aggravée en la frottant.

« Que penses-tu de ceci ? m'a-t-il demandé en m'en faisant passer une autre derrière le rideau de la cabine d'essayage.

– Antony. » Je l'ai dit sur un ton étonné. Je ne croyais plus que ça se faisait encore. Cette longue robe de soirée couleur crocus avec des épaules à festons sortait tout droit de la garde-robe de Mme Brezhnev. Pygmalion a passé sa tête par le rideau.

« Tu ne l'essaies pas ?

– Antony, est-ce qu'elle te rappelle ta mère ?

– Ne me déstabilise pas, je le suis déjà bien assez. »

Donc je l'ai bel et bien essayée, et il a de nouveau jeté un œil. Il y avait des miroirs à ma gauche, des miroirs à ma droite, des miroirs devant et des miroirs derrière. Je me serais crue dans la Galerie des glaces.

« Seigneur, a-t-il dit.

– Ce serait merveilleux avec une choucroute et de longs gants blancs. Mais il me faudrait porter un autre soutien-gorge, ou alors ne pas en porter du tout. »

J'ai fait tomber les bretelles sur mes épaules aussi lentement que si j'avais un coup de soleil, et la robe a glissé pour révéler mon soutien-gorge.

« Une choucroute, voilà qui date un peu », m'a-t-il répondu.

J'ai dégrafé mon soutien-gorge pour l'enlever et l'accrocher à un portemanteau. Il était merveilleusement en équilibre, avec un bonnet de chaque côté. Il n'a pas basculé et il n'a pas glissé par terre. Je lui en étais tellement reconnaissante.

« Une choucroute, a-t-il ajouté, ça date drôlement. »

J'ai ramassé les plis souples de la robe là où ils avaient coulé comme de l'eau vers ma taille plissée, et je les ai remontés lentement sur mon ventre, ma cage thoracique et mes seins insupportablement nus, jusqu'à ce que je sois à nouveau présentable.

« Une choucroute, a-t-il dit, en voilà un mot amusant. »

Il les avait vus. Il avait voulu les toucher ; pas pour les examiner, les manipuler ou les « mâlemener » avec des doigts brusques en Cellophane qui les palperaient à la recherche de grosseurs ; mais pour les toucher, les presser, pour laisser des marques d'ongles autour du bout mouillé du mamelon. Il ne pensait pas lactation à ce moment-là ; il pensait élixir de jouvence.

Les hommes sont comme ça.

« Sais-tu, me dit-il, que tu n'as jamais été vaccinée ?

– Ma mère leur a demandé de me faire les vaccins au bas du dos. C'était avant le bikini. »

Bien sûr il s'est senti mortifié quand j'ai marchandé pour la tache. Il croit sans doute que le souk s'arrête au Bosphore. Mais les femmes ont davantage l'habitude du monde, parce qu'il les use davantage, tout simplement. Ça se résume à des chiffres que l'on additionne, y compris ceux de nos mensurations. Occupez-vous des gros problèmes, les petits se résoudront tout seuls, et qui peut le moins peut le plus.

D'où sortent les agents de police ? L'un d'eux était occupé à nous glisser un papillon au moment où nous atteignions la voiture. C'est parce que Antony l'avait garée sur un emplacement pour handicapés, et durant les cent derniers mètres il lui a donc fallu prétendre que sa jambe souffrait de polio.

Il me fait trop rire, cet homme.

Quand il m'a déposée chez moi je l'ai embrassé, à moins que ce ne soit lui, ou alors on l'a fait tous les deux en même temps. Puis j'ai glissé ma langue dans sa bouche. Il faut bien que quelqu'un actionne la pompe.

Sa bouche a un goût délicieux. Je la sens encore.

Il n'y avait pas de courrier, à part les formulaires de recensement. Il ne faut pas y toucher pour l'instant. La nation entière les remplira devant la télé dimanche prochain durant la pause publicitaire. Je ne sais pas qui est César Auguste mais ce doit être le principal actionnaire de Bics noirs. Je crois que je remplirai le mien en violet.

Ma mère n'a pas appelé, alors je me suis inquiétée et c'est moi qui l'ai fait. Mais elle est en super forme. Sa voisine s'est fait voler son porte-monnaie, une des antennes portatives est sortie du socle, et elle a découvert une grosseur particulièrement prometteuse qu'elle ne montrera pas à son docteur parce qu'il porte un anneau à l'oreille.

Je vais postuler pour le poste de prof principal. Si si. Et pourquoi pas ? Qu'ils aillent donc se faire foutre ! Que Dieu me pardonne.

Le comportement de Xerxès est fort étrange. Je crois qu'il n'est pas impossible qu'il ait rencontré le petit éléphant au ruban rose derrière la lucarne du numéro quatre. Il s'est enfoncé très profondément dans le lit.

Je suis tout près du monde. Je peux pratiquement le sentir.

Hobbes avait tort. La vie n'est ni sale, ni bestiale, ni courte.

Vendredi 23 février

Antony vient dîner demain. J'ai tout ce qu'il me faut pour un teriyaki de crevettes, sauf les crevettes. Je ne comprends pas tout à fait comment je dois les « déveiner », et quand j'ai complimenté la prof du cours ménager sur sa tenue, elle m'a souri et dit : « Tu as de nouveau un invité, Margaret. » J'aurais pu demander au type qui enseigne la gestion et je ne sais pas quoi d'autre, mais son homosexualité le rend tellement parano qu'il aurait encore imaginé que je fourrais mon nez là où il ne fallait pas.

De toute façon j'ai le jus d'ananas, le riz au curry, le xérès, le vin, le porto, et le cognac ; et pour ce qui est du plat principal j'aurai sûrement une révélation du genre chemin de Damas en pleine nuit.

Je ne vais pas parler du poste de prof principal. Pourquoi les gens du rectorat mettent-ils de l'après-rasage aussi écœurant ? Est-ce parce qu'il s'agit d'anciens curés ou qu'ils prétendent tous l'être, pour se faire mousser ? Ils étaient quatre, avec quatre cendriers posés devant eux. En fait, pour être tout à fait juste, l'un d'eux était peut-être bien une femme. Il portait une jupe, des boucles d'oreilles, ses cheveux étaient relevés en chignon et il s'appelait Marion. Ils m'ont accordé sept minutes et six secondes de leur temps. J'avais le chrono sur la table.

L'autre Meggie n'est pas dans son assiette. Elle

doit voir son docteur ce week-end. Ce n'est pas Antony. Il s'appelle Dominique, et il a trois virgule cinq enfants ainsi qu'un labrador. C'était le président d'un club de golf mais il a été éjecté par un putsch, pour avoir proposé un juif comme nouveau membre. Maintenant il est simple membre, mais ça ne le dérange pas du tout. Il prétend que les Thermopyles étaient une victoire, au bout du compte.

J'ai l'impression que c'est un vrai connard.

À l'heure du déjeuner je me suis dirigée vers elle.

« Meggie, lui ai-je dit, tu n'es pas dans ton assiette.

– Meggie, m'a-t-elle répondu, Dieu me soit témoin que je t'aime, que j'espère que tu vas gagner au Loto et trouver le bonheur, mais en attendant tu ne pourrais pas dégager ? »

C'est ce que j'ai fait. Je suis partie à l'autre bout de la salle des profs, je me suis assise avec les rustauds qui enseignent la mécanique et nous avons discuté d'un joueur redescendu en deuxième division. Bien sûr ça va parler rugby, encore rugby et toujours rugby pendant les deux mois à venir. Mais un des types a expliqué qu'on avait placé de minuscules lentilles de contact à son bébé prématuré parce qu'elle était née avant que ses yeux n'aient pu se développer. Et un autre a suggéré que les femmes fassent cuire leur placenta pour le manger parce que c'est plein de multivitamines.

J'étais tellement fascinée par tout ça que j'en ai oublié l'heure. Quand je suis partie à la recherche de l'autre Meggie pour m'excuser de ce que j'avais bien pu dire pour la contrarier, elle avait disparu.

Elle avait oublié ses gants qui séchaient sur le radiateur.

J'ai pris deux de ses classes. Ça ne me dérangeait pas. Je leur ai passé *La Ferme des animaux* et on a discuté du fait que le dessin animé se termine de manière plus animée, justement, que le livre. Ils ont tous ri et les filles ont enroulé les écharpes de leurs petits copains autour de leurs cous. Je leur ai dit qu'il y avait de l'espoir, que le tambour battait toujours en nous, qu'il y battait comme un fou, et que ça nous donnait du cœur à l'ouvrage. C'était notre cœur, nous devions arrêter de fumer, parce que nous étions des êtres humains, les fruits d'une union entre un ange et un chimpanzé.

Rien de nouveau sous le soleil, je le sais bien. Mais c'est comme l'épître pendant la messe ; pareil. Pourtant, de temps à autre, peut-être que quelqu'un s'arrête dans ce qu'il fait, arrête d'essayer de lire les gros titres des journaux dominicaux à l'envers et écoute l'espace d'un mémorable instant le son couvert par l'orgue, le frêle cui-cui sans mélodie d'un oisillon dans un nid de brindilles et de pâle papier bible, là-haut, tout là-haut, toujours plus haut, dans les sombres voûtes ogivales.

Le garçon au tableau faisait la liste des sujets jusqu'à épuisement de la craie.

« Merci, Antony, lui ai-je lancé, tu es merveilleux. »

Toute la classe a hué, parce que eux l'appellent Tony.

« Ne t'occupe pas d'eux, lui ai-je dit, c'est joli, Antony. Beaucoup d'hommes merveilleux s'appellent Antony. »

On avait entamé une discussion de groupe sur le « chic » quand Sue Ellen s'est mise à vomir à n'en plus finir. Bien entendu, ils étaient tous ravis.

« Jambon-fromage, a lancé l'un.

– Jambon-fromage plus œufs », a répliqué un autre.

Elle était blanche comme un linge. Je l'ai prise dans mes bras, ce qui m'a valu de récolter des cochonneries plein les cheveux. Faites, mon Dieu faites qu'elle ne soit pas enceinte, mais je ne pouvais pas le lui demander, même aux toilettes. Elle a mis un sparadrap sur son index pour que son père ne remarque pas qu'elle fume. Encore un vilain petit canard dans un monde où tous deviennent des canards boiteux. Douze ordinateurs de plus dans la salle d'informatique ne changeront rien à l'affaire. Ce qu'il lui faut c'est une famille. Or, une mère, un père et deux frères, ce n'est pas du tout la même chose.

« Tu as ta clé ? lui ai-je demandé. Tu es sûre que tu as une clé pour rentrer chez toi ? »

Elle la garde dans sa chaussette, par précaution. Voilà qui explique le boitillement.

« Tu as de l'argent pour le bus ? »

Elle en a. Elle filera direct chez elle. Elle ira chez les voisins regarder « Les Voisins ». Le bébé se rase les jambes avec le rasoir à piles de son père. Elle sait réparer leur magnétoscope, pas de problème.

Les élèves étaient déchaînés. Ils dansaient sur les tables. J'ai repassé *La Ferme des animaux*, juste pour les faire taire. Ils ont baissé les stores pour mieux voir et j'ai ramassé le vomi à mains nues. Il n'y avait ni gant de ménage ni Sopalin. Je ne pouvais pas utiliser les gants de l'autre Meggie, ils avaient l'air trop démoralisés. Alors j'ai fait avec les moyens du bord. Et effectivement, elle avait bien mangé du jambon et des œufs durs. Mais je n'étais pas écœurée. Je n'étais même pas indifférente. En fait, j'étais plutôt heureuse. Tout avait tellement de sens, vraiment. C'était tellement vrai, tout ce qui s'était passé et qui se passait encore, que ça en était presque juste.

Quand j'ai levé les yeux, regardé autour de moi et par la fenêtre en dessous du petit store, c'était comme si j'avais creusé pour trouver des racines en plein désert et que j'avais rapporté un oignon mou et abîmé comme un œil. Puis, levant les yeux et regardant autour de moi, j'aurais vu que j'étais maître jardinier au milieu d'un vaste jardin comme un parc, une merveille qui partait dans tous les sens.

La sonnerie a retenti, les stores se sont relevés et la lumière du jour était toujours accrochée aux choses de ce monde. Je me suis rendu compte que je me trouvais à un seul et même endroit ; que le paysage et le désert étaient deux façons de nommer la même chose, un nom que l'on ne peut jamais prononcer, crier ou garder en mémoire parce que nous ne nous en rappelons que lorsque la bouche a été remplie par la nourriture et les mots, le corned-beef et les adjectifs. Et puis, tandis que ça saute à l'esprit et avance rapidement sur le bout de notre langue, tandis que nos lèvres s'écartent, nous sommes unis par la bouche en un baiser.

Et je pense que j'ai ressenti de la joie durant le temps qu'il a fallu aux élèves pour vider la salle. Je ne suis pas tout à fait certaine de la sensation que procure la joie, mais je crois que c'est ce que j'ai ressenti. J'ai dû me frotter les yeux avec mes pouces parce qu'ils se remplissaient, mais ça pouvait tout aussi bien être la Javel que j'étais occupée à verser.

Je suppose que c'était ça.

D'abord je suis allé à la librairie. J'ai acheté *Une histoire illustrée de la guerre,* un best-seller de Wilbur Smith (avec des rhinocéros et des femmes nues sur la couverture), un polar sur le Kremlin et le KGB (avec le Kremlin et des femmes nues sur la couverture), un livre de meurtres célèbres ou non restés sans solution (avec des femmes nues et un nœud coulant se détachant sur la couverture), et *La Poésie complète de Sylvia Plath*, parce que je me souviens clairement avoir dit à mon Antony que Tony écrivait des poèmes quand il se sentait l'âme poétique, ce qui est bien évidemment le mauvais moment pour le faire. Enfin bon.

Le but était d'acheter des livres qui n'auraient pas détonné entre les mains d'un homme. Pour équilibrer le tout je suis allée jusqu'au bout et j'ai acheté *Les Documents de Vatican II* au rayon des soldes. En fait, ces documents sont plus épais que la Bible. On pourrait assommer quelqu'un avec.

Étape suivante, le supermarché : mousse à raser, déodorant pour homme et talc contre les mycoses. J'ai regardé ce que les autres femmes achetaient et j'ai entassé des cure-dents et des pastilles Rennie. La grande boîte de talc, ça c'était mon idée. Je me suis souvenue de mon père qui ouvrait son bouton de chemise chaque matin avant de partir au travail et qui fourrait des tonnes de talc à l'intérieur de son col. Mon Antony n'est pas du tout comme ça, mais Tony oui, enfin il aurait pu.

Me croirez-vous si je vous dis que j'ai vu Leslie ? Leslie qui donne de la nourriture pour chats à sa jeune fille au pair et m'a reprise à propos des couches ? J'ai attendu qu'elle ait tout emballé et ensuite j'ai fait la queue à la caisse rapide. Pour faire passer le temps j'ai goûté deux fois au vin et à la saucisse cocktail plantée sur une pique. La femme a été un peu sèche avec moi : j'étais supposée tremper la saucisse dans la sauce d'abord.

« Je ne savais pas que vous étiez mariée, mademoiselle », m'a dit la caissière en faisant rouler ma mousse à raser vers le garçon qui remplissait les sacs. Il m'a fallu la regarder de près. C'était bien une de mes anciennes élèves. Je ne l'avais pas reconnue à cause de ses cheveux. La voilà qui ressemblait à un hérisson à présent.

« Tu as l'air super, lui ai-je dit.

– Il n'y a pas d'art pour découvrir sur le visage les dispositions de l'âme », m'a-t-elle répondu.

Cela fait quatre ans que je n'ai pas enseigné *Macbeth*, donc elle devait avoir dans les vingt et un ans. N'est-ce pas merveilleux qu'elle se souvienne ? Elle souffrait de boulimie et s'empiffrait dans les toilettes. Mais au moins elle avait la gentillesse de ne manger que de la nourriture silencieuse. Et s'il lui arrivait de croquer des biscuits salés, elle tirait la chasse pendant qu'elle les cassait et les mâchouillait. Elle avait des yeux d'un gris doux et subtil. Un artiste n'aurait pas insisté et l'aurait peinte endormie.

« Qu'est-ce que tu penses du lycée maintenant, rétrospectivement ?

– Je trouve que c'était une légère couillonnade de baptiser une île déserte Terre Neuve, je veux dire, si on se place du point de vue des pionniers. Mais je suppose qu'ils ne seraient pas partis s'installer dans une île baptisée Coin Paumé.

– C'était si terrible que ça ? » lui ai-je demandé. Je pensais à la fois où je l'avais mise à la porte : elle avait enfoncé une épingle à cheveux dans une prise de courant et le bout de ses doigts avait été tout noir pendant une semaine.

« Je ne parlais pas du lycée, m'a-t-elle répondu. Le lycée c'était seulement la salle d'attente. »

Puis la femme derrière moi nous a informées qu'elle tenait à la main une glace pour un goûter d'enfants et nous a demandé si l'on souhaitait que ça lui fonde dessus ?

Voilà qui a mis le point final.

La dernière étape a été le magasin de disques. J'ai acheté une compilation des Beatles parce qu'il y avait dessus *Here comes the sun*, et *La Symphonie du Nouveau Monde* de Dvorak, que tout le monde achète à cause de la pub pour ce détergent toilettes. La fille n'avait jamais entendu parler de James Taylor.

Chaque fois que je devais m'arrêter au feu je pliais le livre sur les documents du concile du Vatican à l'envers. Maintenant, ils ont l'air d'avoir été beaucoup lus. Je l'ai signé Tony Sutherland avec l'écriture de l'autre Meggie. Ce n'était pas le genre de Tony d'énumérer ses diplômes après son nom mais j'ai inscrit *St Johns* en dessous, parce que ça pouvait aussi bien être une ville de Nouvelle-Écosse qu'un collège d'Oxford.

Je pense que j'ai fait tout ce qu'il fallait à présent, j'ai même nettoyé la hotte de la cheminée ; puis j'ai retourné le matelas au cas où il aurait pensé que c'était moi et non la bouillotte. J'ai emporté en haut tous les Dickens et *La Saga des Forsyte* et je les ai mis dans une boîte à chaussures au fond de l'armoire à linge dans la pièce où je repasse. Puis j'ai comblé l'espace sur l'étagère, à côté de l'endroit où il s'assiéra, avec Teilhard de Chardin et Anaïs Nin ainsi que quelques *livres de poche* *. Dieu soit loué, je n'avais pas donné tous mes Sartre en français à l'autre Meggie la fois où elle s'était inscrite à l'Alliance Française. On ne sait jamais quand on peut avoir besoin d'un philosophe stimulant pour éclairer sa vie. Mais le meilleur de tous, c'est un livre en hongrois qui traite en fait de la bruxellose chez le bétail.

Je n'arrive pas à me décider entre un bon vieux bœuf stroganoff et un bœuf bourguignon. Lequel serait meilleur avec des feuilles de vigne farcies ? Je préfère ne pas penser aux ménagères qui doivent prendre ce genre de décision tous les soirs de la semaine.

J'ai mis un savon fortement parfumé au fond de la chasse pour que ça sente bon chaque fois qu'on la tire. Ou devrais-je y verser de l'eau bouillante pour le ramollir ?

Ma mère va subir des examens mardi, ou lundi s'ils ont un lit. Je ne sais qu'en penser ; ni comment. Entre nous il n'a toujours été question que de cavaliers et de fous ; et maintenant voilà qu'elle bouge sa reine. On avait un pacte comme quoi les reines ne bougeraient pas. Je ne sais pas.

Je suis restée dans mon bain pendant une heure. Je n'ai jamais été aussi propre. Je suis aussi transparente qu'un grand verre à pied qui aurait trempé dans des bulles chaudes avant d'être rincé sous des glaçons. J'ai rasé une bonne partie de ma personne ; je pourrais me contenter d'une simple lanière de cuir en guise de vêtement. Le bain ressemblait à une zone forestière inondée, avec du bois de flottage à la surface. Puis j'ai enlevé des callosités sur le côté de mon pied avec le bord des ciseaux.

Franchement, on aurait dit que j'avais rendez-vous avec mon gynéco.

Est-ce le cas ?

Étant ce qu'il est, saurait-il que je suis blond vénitien partout, ailleurs que sur mes cheveux ? Quand on a pratiqué un millier d'épisiotomies, est-ce qu'on se prend à penser fil et aiguilles hors contexte ? D'un autre côté, j'étais au lycée avec une fille dont le père était gynécologue, et ils étaient six enfants, peut-être même sept. Alors que l'autre Meggie m'a assuré que la présence du mari à l'accouchement était un contraceptif plus efficace que la castration.

Pourquoi mes doigts sont-ils bien plus froids que ma poitrine ? Quand je les touche, je croirais la truffe d'un chien contre ma jambe. Mes mains et mon cœur ne me semblent pas faire partie du même corps.

Je ne vais pas étendre mes nouveaux dessous sur la corde à linge. Ils sont très jolis et virginaux, mais ce serait ridicule si je ne les ai pas encore portés. En plus, d'ici qu'il arrive, il va faire tellement, tellement sombre.

Dimanche 25 février

La femme qui achetait du lait et *News of the World* m'a dit que j'avais bien raison.

« Bravo ! m'a-t-elle lancé, vous avez tout à fait raison. J'aimerais avoir votre courage. »

Tout le monde me dévisageait en souriant, mais ça ne me dérangeait pas. J'ai embarqué les journaux, les menthes et le sel. J'avais utilisé tout le mien après avoir renversé le xérès. C'était parce que la Cocotte-Minute s'était emballée dans la cuisine. Mais Antony l'avait calmée.

« Puisqu'on peut sortir en bigoudis ou en pantoufles, pourquoi on sortirait pas en robe de chambre ? » a demandé la femme.

Tout le monde dans la boutique était d'accord.

« Après tout, a dit l'homme derrière le comptoir, on vit dans une communauté, pas dans une copropriété. »

Il avait vécu dans une, trois ans durant, dans un endroit du nom de Billings, Montana. Il aimait replacer ça dans toutes les conversations.

Et me voilà repartie avec moi-même, vers chez moi, vers chez moi, et je sais que la moitié de la rue m'a vue. Bien sûr, à ce moment-là, la moitié de la rue avait déjà entendu parler de cet homme qui ressemblait à Donald Sutherland, debout à mes côtés sur le pas de la porte où il vidait un grille-pain à l'envers sur le sol, là où il y avait eu le rosier. Ils ont aussi dû le voir m'embrasser près de la voiture, avant qu'il n'y monte et ne file, avec ses adorables gants en daim oubliés sur le toit. Dieu seul sait à quoi je ressemblais tandis que je lui courais derrière dans ma robe de chambre, surtout quand elle s'est ouverte et que le monde entier a vu que je portais un caraco et une culotte en satin.

On ne respecte plus la vie privée des gens.

Il a adoré le poulet en sauce. Il n'en est rien resté. Et c'était une recette pour six. C'est un gros mangeur. Ce que vous lui mettez dans l'assiette, il le dévore, tout simplement.

Il a réparé le grille-pain. Je vous l'ai déjà dit.

Il a réparé le radiocassette. Il a parlé dedans, et quand on a réécouté, le son en était cristallin. « Un, deux ; un, deux. » Depuis des mois ça me faisait plutôt penser à un enregistrement digne des pionniers de l'aviation, grêle et confus, comme une guêpe dans un lustre. Maintenant je peux à nouveau m'en servir.

La Symphonie du Nouveau Monde n'a pas marché. Il manquait le saphir.

Vous ne voulez pas que je vous raconte la suite ? Si, allez.

À moins que vous ne vouliez que je vous raconte autre chose ?

Je m'en doutais. D'accord. Mais je n'écrirai ceci qu'une fois. Une seule et unique fois.

Ce n'était pas *L'Ouverture de 1812*. Pour Napoléon non plus. Mais il s'est passé beaucoup beaucoup de choses merveilleuses en 1812 dont *L'Ouverture de 1812* ignore tout. Et ce qui s'est passé tard hier soir dans l'une des banlieues dortoir de cette jolie petite ville en fait partie.

Voilà.

Je n'ai pas hurlé à la lune. Je ne me suis pas mordu les lèvres jusqu'au sang. Je n'ai pas fait d'hyperventilation. Mais c'était tellement agréable après si longtemps. De plus, cette nuit était la sienne. Je la souhaitais ainsi. La prochaine fois ce sera la mienne. La nuit suivante, ou celle d'après, et aussi la nuit encore après. Il y a trois cent soixante-cinq nuits dans l'année si l'on suit le calendrier julien, ce que je fais.

Mon corps était du braille pour sa cécité. Il m'a lue partout. Il y a tellement d'endroits de mon corps que je n'ai jamais touchés, sauf quand ils sont malades, malades de ne pas être touchés. Mais sa langue m'a visitée. Il m'a ouverte comme un livre, et il a reniflé les pages.

« Qu'est-ce qu'il y a ? » m'a-t-il demandé.

Je venais juste de penser à ma mère. Il me fallait sauter du lit pour débrancher le téléphone.

« Tu reçois des appels à minuit ? s'est-il étonné.

– Que de questions ! »

Il a parlé à mes entrées et à mes sorties. Il adore mon derrière ; il l'adore. La brebis galeuse de la famille a fait des miracles. Je ne peux pas vous dire comment il l'appelle. Ce ne serait pas juste, franchement. Il faudrait que je lui demande sa permission d'abord.

Puis son visage s'est contracté. Je suis devenue très floue à ses yeux. Mon visage a disparu en un éclair. J'étais un corps de senteurs, un corps de douceur. Je l'ai amené en moi. Je n'avais jamais été si proche de lui ; lui était plus éloigné de moi que son premier sourire au cours du soir. Sa langue a dérapé dans mon oreille. Ses épaules ont des muscles. Je n'avais jamais remarqué.

Xerxès regardait depuis le haut de l'armoire, sa trompe rose levée tout droit.

Quand il a joui, je l'ai calmé. Je lui ai caressé les cheveux et fermé les paupières avec ma langue. Quand un homme a fait l'amour à une femme il est un peu circonspect parce qu'elle l'a vu perdre tout contrôle. Il faut le calmer comme un enfant, lui faire comprendre en le caressant qu'il est toujours étrange, toujours inscrutable, toujours Jésus sur la croix. Mais il n'est pas entièrement sûr de lui jusqu'à ce qu'il ait eu une autre érection, et ça peut prendre des lunes. Ça peut prendre une heure.

Je me demande si le proviseur est impuissant ?

Je le sens toujours à l'intérieur de moi. Là je parle d'Antony. J'avais oublié ça aussi : la sensation d'être remplie. J'avais oublié à quel point ça démange vite ensuite, et combien le sperme est chaud, tout comme j'avais oublié les quadrillages sur les seins à cause du poids du corps. J'avais oublié à quel point ce dernier est sage et vif. Peut-être que je devrais écrire là-dessus, sur la sagesse et la vitalité, et me le renvoyer dans une enveloppe recommandée, comme ça j'aurais des droits d'auteur sur une bonne idée. Parce que les théologiens et les pornographes ne connaissent que la moitié de l'histoire, tout comme les deux familles qui ont chacune cinquante pour cent de la formule secrète du Coca.

Pendant combien de temps est-ce qu'on sent un homme à l'intérieur ? Dans deux heures ça en fera douze.

Au moment de nous endormir nous nous sommes emboîtés, mon dos contre sa poitrine et son plexus, son poignet entre mes cuisses. Nous nous sommes pelotonnés ; nous nous sommes nichés. C'était bien. Mais ses pieds sont froids comme tout. Froids, mais pas moites, bien sûr, avec une veine très bleue que l'on sent avec le doigt. J'espère que ce n'est pas une varice. Elles sont héréditaires.

Il s'est endormi et je l'ai écouté respirer. J'ai retenu ma respiration jusqu'au bon moment et puis je me suis mise à respirer avec lui – inspiration, expiration – comme si l'on chantait ensemble ou que l'on marchait au même pas.

D'abord il lui faut voir ses patientes. La plupart sont à l'hôpital, mais il en a d'autres dans une clinique privée. Puis il prend sa voiture vers le nord et le bateau pour l'Écosse. Je ne comprends pas qu'il ne prenne pas l'avion au départ de Dublin. Je lui organiserais ça en deux minutes s'il me laissait faire. Bien entendu je lui ai enjoint de faire attention, mais il a trouvé ça drôle.

« Il y avait une fête champêtre au lycée quand j'avais quatorze ans, m'a-t-il expliqué, et une charmante vieille cinglée avait installé un stand où elle disait la bonne aventure. Normalement, les bénéfices devaient aller à une association pour la conservation des châteaux, mais il s'est avéré qu'elle faisait installer le chauffage central chez elle. Elle a fixé ma main pendant un long moment, et puis elle m'a dit comment je mourrais.

– Comment ?

– Je serais tué par un sandwich qui s'écraserait

au beau milieu de Manhattan et figurerais pour l'éternité dans *Le Livre Guiness des records.* »

Il fait une communication et en présente une autre. La conférence porte sur la détresse fœtale. Il sera de retour jeudi, tard dans la soirée.

Je devrais faire la vaisselle. Tout le service avec les hirondelles est dans l'évier. Mais si je le nettoie mes mains sentiront les gants en plastique et le Palmolive, pas son odeur, celle de ses cheveux ou de son entrejambe. Il s'est lavé les mains deux, trois fois ce matin, mais lui c'est différent, il est docteur. Les docteurs se lavent toujours les mains. Qui plus est, il m'a réparé le grille-pain.

Mes mains sentent tellement bon, comme le Moyen-Orient. Elles sentent la menthe et les arrosoirs. Je ferai la vaisselle plus tard.

Des perce-neige, et puis des crocus. Des crocus, puis des jonquilles. Des jonquilles, et puis des tulipes. Les soirées vont s'étirer comme une femme.

Je veux qu'il soit ici dimanche. Comme ça je pourrai l'inscrire à côté de moi sur le formulaire de recensement.

Lundi 26 février

Il n'a pas encore appelé. Bien entendu il est sans doute occupé. Il y a peut-être un cocktail quelque part, ou alors il leur faut écouter un quatuor à cordes. En ce moment même il n'est pas impossible qu'il essaie de se débarrasser d'un délégué égyptien bourré dont la femme prend des Polaroïds des invités pour montrer ensuite à ses cousins au Caire.

Une femme a appelé. Elle a demandé à parler à Liam. Elle avait composé un 6 avant le 7, au lieu d'après. C'était à vingt-trois heures cinq. Peut-être qu'il avait essayé d'appeler. L'imbécile de bonne femme n'en finissait pas de s'excuser. Je crois qu'elle voulait causer.

Meggie n'était pas là aujourd'hui. Il y a quelque chose qui ne va pas, quelque chose qui cloche. Je ne sais pas quoi. J'aurais bien demandé au proviseur, mais ça sert à quoi ? Il soulève les sourcils comme Paul McCartney chaque fois que je suis dans les parages. Les autres femmes ne savent rien. Les rumeurs oscillent entre rougeole et rubéole et vice versa. Un des profs de commerce pense qu'elle a pu aller à Londres passer une audition pour une comédie musicale. Ça a été le summum de l'heure de commérages.

Ses gants sont devenus marron foncé sur le radiateur, sous la carte du système solaire. Leurs paumes sont craquelées et décolorées, comme si elles avaient des stigmates. Je les ai mis dans son casier et j'ai regardé les images d'une brochure de vacances. La femme aux seins nus à Lanzarote a la même barrette dans les cheveux que celle sur la planche de surf à Chypre. Je vous parie ce que vous voulez que les photos ont été prises dans les îles Shetland.

En fait, les choses sont différentes sans l'autre Meggie. Je me sens un peu comme Laurel sans Hardy. La vie est étrange, et puis elle l'est encore plus. C'est comme ça, chabadabada.

Je ne me sentais pas d'attaque pour affronter les quatrièmes, alors je leur ai donné un devoir sur *Roméo et Juliette*, comment ces deux-là tombent amoureux simplement parce que ça leur est interdit, et comment le différend entre les deux familles n'en finit pas de continuer, parce qu'il n'y a strictement aucune différence entre les deux. À la fin du cours j'ai ramassé les vingt-sept copies de l'immonde multitude, dont vingt et une traitaient Roméo et Juliette d'écervelés dignes d'un film d'ados, et deux traitaient de la similitude comme source de tous les conflits humains. Une des filles a rédigé une attaque cinglante contre ce macho de Shakespeare en demandant pourquoi la pièce ne s'intitulait pas *Juliette et Roméo*.

Mais le petit Alec, qui utilise un spray nasal trois fois par jour et adore agiter sa queue de cheval en tire-bouchon chaque fois que le mot « chevaucher », « baiser » ou « enfiler » apparaît dans la littérature, a rendu un morceau de papier millimétré arraché à un cahier à spirales, avec la première lettre de son nom écrite en gros et en plusieurs couleurs, un alpha arc-en-ciel sorti tout droit d'un manuscrit enluminé du mont Athos. Mais nous vivons hélas à l'ère du traitement de texte, plus à celle du texte. Broyer du noir dans un élevage en batterie n'avancera à rien.

Ma mère est entrée à l'hôpital cet après-midi. J'ai libéré la dernière classe pour pouvoir l'emmener. Elle voulait emporter la tige de bambou qu'elle a peinte en blanc avant Noël pour que les chauffeurs de bus la croient aveugle et ralentissent, voire s'arrêtent, afin de lui laisser le temps de traverser.

En haut dans sa chambre, j'ai cherché dans sa commode une chemise de nuit plus chaude et j'ai trouvé une couche en plastique pour les vieux. Mais ça ne pouvait pas être sa taille. C'était trop grand, beaucoup trop grand. Je l'ai collée contre moi ; j'en étais sûre.

Je perds toujours son odeur. Elle se cache dans la rivière.

On est parties à dix-huit heures pile.

« Allons, lui ai-je dit, on est en retard, les infos viennent de commencer. »

Elle ne m'avait pas entendue. Elle vérifiait la porte de derrière, l'ouvrant pour voir si elle était bien fermée.

« On ferait mieux d'y aller, a-t-elle dit, on est en retard, j'entends l'angélus. »

Sa chambre est agréable, spacieuse. À la télé il y a onze chaînes ; elle a une télécommande, une table de chevet avec son livre de prières, un livre sur la duchesse de Windsor et un filet plein de mandarines avariées. La chaise couine quand on s'assied dessus. Les toilettes font des petits bruits, comme des oiseaux dans une cheminée. De l'autre côté de la fenêtre les golfeurs plantent leur tee dans le noir. Mais les stores sont coincés et restent en l'air. La chambre se passe donc sur la vitre un film sur elle-même, sur tout ce qui s'y passe – du thé que l'on verse aux oreillers que l'on retourne – sans un bruit, en silence, dans des teintes de noir et de blanc. C'est un film petit budget avec des acteurs semi-professionnels sous couvert de l'obscurité, une bobine underground. Quand l'infirmière entre, on ne regarde pas la porte, on regarde le film. On ne sait pas si elle va prendre le pouls du patient, sortir son chronomètre ou se caresser le bout des seins avec ses ongles.

« Je déteste tout ce qui concerne les hôpitaux », a dit ma mère. Elle avait entendu mes pensées meurtrières dans le coin tandis que je sortais ses vêtements, les triais et les défroissais. Elle en avait apporté suffisamment pour tenir un siège.

« Je le sais bien. Tu sais que je sais bien que tu les hais. »

Plus tard, après avoir éteint sa lampe, elle s'est glissée jusqu'au fond du lit et l'a lentement imprégné de son odeur ; puis elle a fermé les yeux et il lui a semblé entendre ses parents s'exercer à leur grammaire irlandaise à la lueur de la lampe à gaz, les musaraignes courir comme des folles dans le grenier, et le réservoir à eau se remplir comme le silence après un coup de gong.

Est-ce une belle journée ?

Oui. C'est une belle journée.

Est-ce que demain sera une belle journée ?

Ce sera une belle journée demain.

Est-ce qu'hier sera une belle journée ?

Lorsque sa mère lui a enlevé sa sucette, elle s'est mise à sucer ses cheveux.

« Je hais tout ce qui les concerne. Tout », a-t-elle dit.

J'ai rempli chaque formulaire à sa place et j'ai écrit son nom au crayon là où elle devait l'écrire à l'encre. Elle voulait que je reste pour voir l'interne remplaçant. Célibataire, il a la cinquantaine, porte un œil-de-tigre à l'annulaire et ressemble un peu à Gregory Peck sauf le nez, peut-être à cause du rugby.

Ils ne laissent pas entrer les enfants le soir. Il y en avait trois ou quatre devant l'hôpital, deux avec des bottes rouges et un avec une cagoule. Ils attendaient un homme parti acheter du dissolvant pour sa femme dont les intestins avaient été incinérés le matin même dans la fournaise près de la chapelle mortuaire. En sautillant ils entraient et sortaient par les portes automatiques, de l'obscurité vers la lumière, les faisant s'ouvrir et se refermer sans arrêt, testant la distance qu'ils pouvaient parcourir avant que les portes vitrées ne se referment automatiquement et que le hall ne résonne de nouveau à leurs oreilles comme sur un court de squash, des sons brefs des chariots ou des haut-parleurs tandis que les femmes prenaient leurs talons aiguilles à la main et marchaient pieds nus en collants sur le lino, des touristes qui se frayent un chemin sur le sable blanc et brûlant pendant leurs deux semaines de vacances.

Je ne pense pas que Dieu tolérerait nos souffrances si elles n'étaient pas aussi belles à regarder.

Mardi 27 février

La raison pour laquelle Antony n'a pas appelé est simple. Que je suis bête. Il y a un 2 devant mon numéro maintenant, tout comme il y a un 6 devant les autres. Je n'arrête pas d'oublier, alors pourquoi pas lui aussi ? Le pauvre est probablement désespéré à l'idée de ne pas pouvoir me joindre ; et bien sûr il ne peut pas davantage m'envoyer de télégramme, parce que c'est un service qui n'existe plus.

Que Dieu le garde. Il devrait penser à sa communication, à ses diagrammes, à ses diapositives et autres ; au lieu de cela il se demande ce que je me demande. Il va parler méconium ou moniteurs et toutes les femmes au séminaire fredonneront les chœurs de *Madame Butterfly* chaque fois qu'il se passera la main dans les cheveux. Mais la petite voix tranquille qui lui trotte dans la tête sera occupée à lui dire : Dieu tout-puissant, elle va penser que j'ai profité d'elle.

J'ai lu cet article franchement stupide sur les érections. L'angle serait de quatre-vingts degrés à l'adolescence et tomberait à cinquante degrés en fin de quarantaine. Mais quelles foutaises ! Comment peut-on être aussi carré à propos des bonnes choses de la vie ? Franchement !

Mais il y avait un article intéressant sur une femme de l'Arkansas qui a eu son premier enfant à cinquante-deux ans, et le bébé se porte comme un charme. Quatre kilos qu'il pesait. Par contre, la femme qui vit à deux maisons de la sœur de la conseillère d'orientation a eu un pauvre petit mongolien, que Dieu le garde ; et elle était jeune, vingt ou vingt et un ans peut-être. Donc c'est pour dire. Je ne suis pas encore Catherine d'Aragon. Je ne suis même pas Patience, sa femme de chambre.

Voilà le téléphone qui sonne.

Ce n'était que ma mère. On a une voix différente quand on est allongé. Cette fois-ci elle en prend une très frêle et faible. En fait elle est aussi heureuse qu'un gamin en colonie de vacances, même s'il lui faut donner l'impression d'être

Venise en train de sombrer. Elle veut que j'aille allumer chez les voisins vendredi mais je ferai encore cours à la tombée de la nuit. Ils devraient s'acheter une minuterie. En tout cas c'est drôlement futé de demander aux Gentils d'entrer chez eux le jour du Sabbat. C'est comme mon père qui avalait des œufs crus mélangés à un grand cognac pour que sa toux sèche n'embête pas ses voisins d'église, et puis qui allait recevoir la communion sans ciller, que Dieu le bénisse.

J'ai l'intuition qu'il va appeler. J'espère simplement qu'il n'essayait pas de me joindre pendant que ma mère expirait avec tant de panache. Entre elle et le faux numéro, la ligne a été bloquée la moitié de la soirée.

Quand les ados sont en couple, ils ont un petit rituel. Ils partagent leur chewing-gum. Durant Yeats aujourd'hui Leonora mâchouillait lentement, de manière suggestive, et à l'instant même où j'arrivais au passage des soixante-hivers-ou-plus-sur-ses-épaules, elle l'a enlevé et déposé sur la langue de son copain. Tous les autres se sont mis à frapper des pieds et j'ai ri ; ensuite j'ai réduit ça à un sourire, et pour finir c'est devenu un rictus sarcastique.

En fait, c'était très érotique, que Dieu me pardonne.

Cela fait vingt-quatre heures que j'ai cessé de le sentir à l'intérieur de moi. Tout ce que je perçois maintenant, c'est son absence. Ce n'est pas aussi agréable.

Leonora serait un prénom adorable pour une fille. Mais Léo, par contre, serait terrible pour un garçon. La vie est bien assez dure sans qu'on soit homo en prime.

Et revoilà le téléphone.

Ce n'était pas ma mère. Ce n'était pas mon Antony. Ce n'était pas un faux numéro. C'était le vice-proviseur.

« C'est à propos des emplois du temps, m'a-t-il dit. Nous avons un gros problème. »

Lui a un problème d'emplois du temps, moi j'ai un problème de temps tout court, et l'autre Meggie a un problème d'éternité.

« Que dire ? m'a-t-il lancé. Parfois il n'y a rien à dire. Dans des moments comme ça, moins on en dit et mieux c'est. »

Le bébé de Meggie ne verra pas le jour. Il sera exhumé et inhumé ailleurs, avec les squelettes et les chevalières de ses arrière-grands-parents. Il ne lui donnera plus de coups ; il se contentera simplement de la piétiner jusque dans la terre. Sa vie aura eu la durée de celle d'une souris de laboratoire ou de poires en conserve. Il était vivant ; maintenant il est mort. Et le petit point-virgule au milieu – ce cours d'eau dur et minuscule entre l'un et l'autre, tel le canal de Panama entre l'Atlantique et le Pacifique – le petit point-virgule ne le verra jamais jeter un galet puis le regarder faire des cercles.

Ils disent que ça fait une semaine qu'il est mort.

« Vous connaissez Meggie, a commenté le vice-proviseur, elle en aura un autre. »

Mais celui-là ne mourra pas. Celui-là ne mourra jamais. De gré ou de force. Il s'accrochera, la tête en bas sur le toit de sa tête à elle, comme une chauve-souris. Elle rentrera chez elle le soir, le glissera dans son chemisier et le nourrira. Personne ne le saura jamais.

« Je ferais mieux de raccrocher, a-t-il conclu. J'ai d'autres chats à fouetter. »

Il s'est décomposé sous le bronzage de Meggie pendant sept jours et sept nuits, son pouce dans la bouche et ses chevilles croisées, dérivant au milieu d'un bikini fantôme tandis que les ondes sonores d'un concerto pour cor avançaient vers lui à travers les eaux comme la patte d'un chat.

« Au fait, m'a demandé le vice-proviseur, auriez-vous l'heure exacte ? »

Mercredi des Cendres

On est en février ou bien en mars ? Je ne sais pas. Je gagne un jour ou bien j'en perds un ? Je ne sais pas. Je n'achète jamais le journal. Je sais que je suis une femme ; je sais que j'ai quarante et un ans. Pas besoin de la voie lactée pour se repérer, l'étoile polaire suffit. Toutes les montres suisses du monde n'arrêteront pas la tombée de la nuit. Il y a des moments dans nos vies qui ne sont pas momentanés, des minutes qui n'en sont pas, pour ne rien dire de secondes qui sont toujours en tête. Parfois, la seule chose qui glisse comme sur des rails, c'est un train.

J'essaie simplement de me mettre dans l'ambiance festive du mercredi des Cendres. En fait j'avais enlevé les cendres de ma propre cheminée tôt ce matin, parce que je savais que l'aumônier les distribuerait lors de la réunion matinale, et j'étais terriblement en retard.

Il s'est passé quelque chose de fort drôle durant la messe, mais pas au sens d'hilarant, plutôt au sens d'étrange.

Sur le chemin du retour je suis allée au petit oratoire en préfabriqué au centre commercial. C'était bondé. Et comme si ça ne suffisait pas, les femmes y avaient poussé leurs chariots de peur qu'un petit malin ne pense que le mot d'ordre de Carême était « ce qui est à toi est à moi ». Mais j'ai avisé une de mes cinquièmes et je me suis plantée à côté d'elle sans dire un mot, jusqu'à ce qu'elle ait honte et me donne sa place. Ses sourcils et ses cils sont tout roussis à cause d'une friteuse dans laquelle elle faisait dorer des scampis. Sa mère l'avait envoyée remercier la deuxième personne de la Sainte Trinité de lui avoir évité une greffe de peau.

Les cendres sur son front avaient fait une tache. Ça ressemblait un peu à une brûlure. J'ai mouillé le bout de mon doigt pour les arranger. Si j'étais sa mère j'aurais eu vingt-sept ans à sa naissance et ses oreilles ne seraient pas percées. Le garçon qui chantait à la messe folk lui apprendrait la guitare et ils se mettraient à la fenêtre de sa chambre à elle pour recracher la fumée de leurs cigarettes par la bouche vers l'obscurité du jardin, le treillis abîmé et essoufflé, les paillettes sur l'herbe ; cette bonne vieille pluie verte. Je les appellerais à table pour du punch et des crêpes. Je monterais le volume de la radio. Ce serait le signal.

« Merci », dirait-elle quand je serais sympa.

Elle aurait quatre mentions très bien pour son B.E.P.C. Elle ne fera pas partie des vaillants participants. Ce sera pis. Elle fera partie des éternels seconds.

Peut-être que c'est Antony qui l'aura mise au monde.

Quand nous nous sommes approchées pour la communion elle a enlevé son chewing-gum de sa bouche et l'a collé sur le bracelet de sa montre. C'est alors que je me suis rappelée que je n'avais pas effacé mon rouge à lèvres mais c'était trop tard. De toute ma vie je n'ai jamais communié avec du rouge à lèvres. Impensable. Ce n'est pas une question de correction ou d'incorrection ; c'est plutôt que ça n'est pas moi. Ça ne me ressemble pas.

Ça ne me ressemble pas du tout.

J'ai pris l'hostie dans la main et je suis retournée à ma place, où je pourrais prendre un Kleenex dans mon sac avant de mettre l'hostie dans ma bouche ; parce que j'avais utilisé le mouchoir dans la poche de mon gilet pour nettoyer le tableau, et que la craie était rouge et jaune autant que blanche. Et puis une perplexité grandissante m'envahit lorsque apparaît Leslie – Leslie avec la nourriture pour chats et le mari qui pleure à Noël – que je vois foncer droit sur moi.

« Ne pars pas tout de suite après la messe, m'a-t-elle lancé, j'aimerais bien papoter. »

Je crois qu'elle a bu. J'ai senti cette légère odeur de je ne sais quoi, du xérès, un porto chaud. Je ne savais que dire ou penser. J'ai fait semblant d'avoir l'hostie dans la bouche ; j'ai fait un signe.

« Motus et bouche cousue », m'a-t-elle dit. Elle avait vraiment bu. C'était terrible de dire une chose pareille, quand on y pense. Elle doit avoir un problème ; elle doit être stressée. Peut-être que les parents de la jeune fille au pair ont appris l'histoire de la nourriture pour chats et ont débarqué. Doux Jésus.

Que Dieu me pardonne.

La gamine de cinquième avait disparu. Je crois que son frère est préposé au rangement des chariots et qu'ils rentrent ensemble à pied à la maison parce qu'on ne peut plus fumer dans les bus. Après la messe j'ai traînaillé pendant vingt minutes, jusqu'à ce qu'on ferme l'oratoire et que le gardien au chien-loup ait vérifié s'il ne traînait pas sur les bancs un journal à scandale ou deux qu'il pourrait lire durant son service. Je voulais m'assurer que Leslie était soit partie, soit en train de cuver. Je n'ai pas besoin de poivrots en mal de confession publique. Parce que ensuite ils ne vous pardonnent jamais de les avoir écoutés.

Il n'y avait personne en vue. Je suis rentrée chez moi seule.

Le voisin est occupé à installer une palissade au beau milieu du jardin de devant. Le côté gauche sera sa moitié, le côté droit la mienne et aucun des enfants ne pourra plus courir sur l'herbe. La ligne est aussi nette que les polygones posés sur la carte de l'Afrique tels des filets de pêche sur le Gulf Stream. Si le vent souffle de l'est, ce sera à lui de brûler les feuilles de l'érable ;

s'il souffle de l'ouest, elles peuvent crisser et se recroqueviller sur ma véranda.

Les phares de la voiture ont repéré le Kenya sur la palissade. Pour créer cet espace de séparation, il a débité des caisses de thé. Je me suis approchée et j'ai reniflé. Il s'en dégage l'arôme d'une bonne tasse.

C'est quand j'ai accroché mon manteau que ça m'a frappée. Tout me démangeait. C'était comme lorsqu'on quitte la piscine et que le vent vous rend à votre corps. Ma main s'est refermée sur elle, l'a trouvée, l'a sentie, et l'a sortie.

J'avais rapporté l'hostie chez moi.

Jésus de Nazareth avait été dans la voiture à côté de moi tout ce temps-là. J'étais assise sur les marches d'un vestibule qu'il fallait voir pour y croire, avec le mystère du monde dans le creux de ma main. Je ne savais plus où j'étais. Je n'étais plus moi-même.

J'étais tellement heureuse. J'étais tellement heureuse que ça m'a fait peur. J'avais peur d'être aussi heureuse.

Les clés de la voiture l'avaient un peu écrasée. Une des sucrettes que j'utilise dans mon café s'était collée dessus mais je l'ai enlevée avec mon ongle. Puis j'ai reniflé l'intérieur de la poche de mon manteau, pour voir. Ça avait la même odeur qu'avant : celle de mes mains, de ce qu'elles touchent, de la craie et des fruits tombés.

Je n'avais jamais vraiment regardé une hostie de près. Elles sont extrêmement fragiles. Si on ne les tient pas comme il faut, elles se brisent. D'ailleurs, elles se brisent au moindre contact. Si on les fait tomber elles ne tombent pas, elles volettent, comme des flocons. Ce sont les bonnes sœurs qui les confectionnent. Elles sont faites à la main.

Je me demande si la bonne sœur qui a fabriqué mon hostie a jamais aimé un homme hormis Notre Seigneur, hormis le Dieu qui a plongé dans la foule ; pas comme la princesse Elizabeth le jour de la commémoration de la Victoire de la guerre de 39-40, mais comme le docteur blanc qui a réussi à devenir noir et qui est parti vivre avec des Noirs en Alabama. Parce que c'est ce que Dieu a fait, je crois. Il s'est déshabillé afin que nous puissions être à nouveau nus.

Est-ce que ça ne serait pas horrible si mes mains avaient encore l'odeur d'Antony alors qu'elles tenaient l'hostie ? Ou pas ?

J'ai emporté l'eucharistie consacrée dans la salle à manger, que Dieu me pardonne, et je l'ai déposée sur une nappe très propre entre les deux bougies parfumées achetées pour la soirée avec Antony. Je n'avais pas d'allumettes alors je les ai allumées avec un grand ticket de caisse que j'ai tire-bouchonné et auquel j'ai mis le feu dans le grille-pain. Puis je me suis assise et j'ai dit quelques prières. J'ai fait tenir la Bible en équilibre sur le dos et l'ai laissée s'ouvrir ; mais bien sûr c'est tombé sur un de ces énormes tableaux chronologiques alors j'ai recommencé. Et cette fois-ci ça s'est ouvert sur la Samaritaine dans l'Évangile selon saint Jean. Je l'ai lu à partir du moment où la femme arrive pour tirer de l'eau, jusqu'à l'endroit où elle dit : « Venez voir un homme qui m'a dit tout ce que j'ai fait. Ne serait-ce pas le Christ ? » Et puis je me suis arrêtée parce que je me sentais un peu déprimée. Je trouve les Évangiles tellement beaux et tristes.

Ensuite j'ai communié, avec une force nouvelle ; et c'était trop tard lorsque je me suis rendu compte que j'avais complètement oublié d'ôter mon rouge à lèvres.

Il y a un autre monde, et c'est celui-ci.

Le croirez-vous, j'ai la migraine ! Antony en a tout le temps. Je pense que c'est probablement l'éclairage dans la salle d'opération. Je lui ai expliqué que les gens normaux avaient mal à la tête. Seuls les génies ont des migraines. Et il a ri et dit : « Meggie. »

Je regrette presque de laisser tout le monde m'appeler Meggie. J'aurais dû me faire appeler Margaret et garder Meggie pour après, comme les meilleurs crus. Mais Margaret fait tellement vieille fille.

J'ai appuyé sur le bouton pour éjecter la cassette, mais à la place j'ai enfoncé *play*. J'ai entendu : « Un deux, un deux », et moi qui tapais comme une folle en fond sonore pour presser les oranges.

Je sens son odeur de son côté du lit. Bien entendu Xerxès est en crise. Il a besoin que je le rassure tout le temps.

Pourquoi suis-je toujours aussi heureuse ? Parce que j'ai dépassé le stade du « Pourquoi ? ». Je n'ai plus deux ans et demi. Je suis arrivée au stade du « Oui ». « Oui » est une question beaucoup plus intéressante que « Pourquoi ? ».

Ceci n'est pas une migraine. C'est un tremblement de terre. Je descends pour chercher des glaçons à poser sur mes paupières, comme les pièces sur celles des morts.

Jeudi 29 février

C'est sur mon chemin, alors je m'arrête.

C'est sur ma route vers le centre-ville où je vais acheter une robe de chambre pour ma mère, alors je m'arrête.

C'est sur mon chemin vers le centre-ville où je vais acheter une robe de chambre pour ma mère et je me décide à lui laisser un mot sur une carte des Peanuts, avec un message que lui seul comprendra ; donc je m'arrête. Je suis assise dans la voiture, j'écris le mot et je cogite, puis je plie la carte à l'envers, l'aplatis avec mes doigts, la déchire en deux et écris quelque chose de différent sur le côté où se trouve Charlie Brown.

Mon clair de lune veut une autre caresse.

Puis j'ajoute deux autres points après le premier, pour que ça devienne des pointillés.

Le service des consultations externes est plein de femmes enceintes et de leurs mères. Il y en a tellement qui fument, en dépit des panonceaux qui disent non, ne fumez pas, non. Leurs enfants sont sages comme des images. L'un d'eux joue avec un aimant au bout d'une canne à pêche et la canne attrape un petit poisson ainsi qu'un taille-crayon en métal qui nagent dans le couvercle d'une boîte à biscuits.

Voici une infirmière. Je vais lui demander. Elle peut glisser le mot sous les radios sur sa table. Il les tiendra en l'air devant la fenêtre, à la lumière, puis la petite enveloppe blanche glissera et tombera par terre, sur les carrés de moquette. Quand il lira ce que je lui ai écrit, ses mains se souviendront de moi, comment j'ai ouvert mes lèvres et les ai tenues écartées par les poils, comment l'ombre de ses épaules a heurté le crépi, et comment nous avons clos les rideaux qui s'entrebâillaient en en coinçant les extrémités avec *Les Œuvres complètes* de William Shakespeare.

« Je suis terriblement désolée, a dit l'infirmière. C'était dans les journaux. »

L'enfant à la canne à pêche pleure parce que sa mère veut utiliser la boîte à biscuits comme cendrier.

« Il était sobre comme un chameau, a-t-elle poursuivi, et il avait bouclé sa ceinture. C'était entre chien et loup, l'heure la plus traître. »

C'est un garçon ou une fille, le garçon ou la fille avec une canne à pêche ? Hein ?

« On l'enterre demain. J'y serai. Je crois que c'est à onze heures. On sera une douzaine à y aller, pour faire une haie d'honneur. »

La fois où mon cousin a balancé les cigarettes

allumées dans les cages des singes, je me suis agenouillée sur le macadam. À quatre pattes je me suis mise. Il était debout dans son smoking, avec deux ou trois cigarettes à la bouche tandis que ses mains cachaient le grésillement des allumettes. Mes cheveux s'étaient écroulés comme un gâteau. Les singes sanglotaient ; ça ressemblait aux sanglots d'un enfant.

« Arrête, lui avais-je dit. Arrête, s'il te plaît. Arrête, s'il te plaît. Arrête, s'il te plaît, arrête. »

« Au moins il n'était pas marié, a-t-elle conclu. C'est toujours ça en moins. »

Son chrono tictaque. Pourquoi ? Il tictaque, là, là et là sur la courbe blonde de son sein. Je le vois. Je l'entends. Est-ce qu'elle ne l'entend pas tictaquer, avec ses minuscules appels de criquet ?

« C'est le Dr MacReady qui le remplacera, a-t-elle ajouté. Il est très gentil. »

La mère avec la boîte à biscuits en guise de cendrier enlève la canne des mains de l'enfant en pleurs et la casse en deux.

« Je peux vous donner un autre rendez-vous », a-t-elle dit. Ses yeux glissent doucement vers mon ventre ; vers la carte des Peanuts ; vers la craie sur mes doigts sans bagues.

« Vous en êtes à combien de mois ? m'a-t-elle demandé. C'est encore le tout début ? »

Devant l'hôpital, il y a des rampes ; et j'attends là, accrochée aux rampes devant l'hôpital, pendant qu'un agent de police glisse une contravention sous l'un des essuie-glaces. Quand il s'en va, quand il part, je m'assieds dans la voiture, je plie le papillon et je le mets dans la boîte à gants avec la carte des Peanuts. Il y a des gens. Il y a des arbres. Il y a un arbre dans la visière noire du casque d'un livreur en moto. Sur le balcon d'un appartement de H.L.M., de l'autre côté de la route, un garçon scrute le monde avec un long télescope fait de rouleaux de papier toilette vides.

Je pense que je suis restée assise là. Je pense

que c'est ce qui a eu lieu. Les feux sont passés au rouge, au vert, à l'orange ; au rouge, au vert, à l'orange. Il y a un rythme, si si. Le rouge veut dire stop ; le rouge c'est la couleur du sang ; le sang c'est terrible. On pense : Je ne veux pas mourir. Je vais m'arrêter. Le vert c'est pour vas-y ; le vert est la couleur des arbres et des trucs comme ça. Les arbres, c'est super. On pense : Je ne veux pas mourir. J'y vais. L'orange c'est pour arrêtez-vous maintenant s'il vous plaît, n'y allez pas, s'il vous plaît ; l'orange est la couleur de toute la rue reflétant de l'orange depuis les fenêtres et les tuiles mouillées tandis que le soleil se couche de l'autre côté des antennes de télévision et du réservoir à gaz. Orange rime avec ange. On pense : Je ne veux pas mourir. Je ne veux pas mourir sans lui.

À un moment donné je suis rentrée chez moi.

Ma mère m'a appelée de son lit, voyez-vous. Elle va bien. Quand j'ai entendu sa voix, je ne sais pas, j'étais contente. J'étais aussi contente que si mes bagages avaient été retrouvés dans un aéroport où personne ne parle anglais.

« Dis-moi, m'a-t-elle demandé. Je sais. Je sais qu'il y a quelque chose que je ne sais pas.

– J'aimerais redevenir petite, lui ai-je répondu. J'aimerais tant.

– De quoi tu me parles ? Tu as encore été voir tes films ridicules ?

– J'aimerais être encore plus petite que ça, même. J'aimerais retourner dans ton ventre.

– Tu as encore bu. Tu articules mal. Tu n'entends pas comme tu articules mal ? Tu es bien comme ton père, mais c'est pire chez une femme, bien pire. Chez un homme c'est poignant. Chez une femme c'est pathétique. Tu as envie d'être pathétique ? Tu veux te retrouver à congeler du xérès dans le bac à glaçons pour qu'ils ressortent jaunes ? Et il croyait que je ne remarquais rien ;

il trouvait ça hilarant ; il me faisait la danse de la hyène qui rigole !

– Écoute-moi.

– Non, c'est toi qui vas m'écouter. J'ai traversé la ménopause sans prendre une aspirine. Toi il te faut un marchand de vins. Tu devrais avoir honte. Tu te sentirais comment, si tu découvrais que l'opératrice t'écoute, là ? Tu désaoulerais drôlement vite. Tu prierais pour que la terre s'ouvre et t'avale, voilà ce que tu souhaiterais. Je les ai vus, les alcoolos au quatrième étage ; je les ai vus aller à leurs conférences. C'est à vous faire craindre Dieu.

– Maman.

– Arrête, arrête. Que dirait ton ami, le docteur protestant, s'il te voyait dans cet état-là ? Tu ne serais pas prête de le revoir.

– Je veux commencer au commencement. Je veux être conçue. Je veux être du duvet de chardon flottant en toi, me frayant un chemin vers la paroi de ton utérus. »

Elle s'est mise à pleurer.

« Tu veux m'achever. Je ne sais pas pourquoi, mais c'est ton but.

– Ensuite je veux partir sous forme de règles abondantes. Je veux être du sang dans une poubelle. »

Je ne pouvais être seule nulle part dans la maison. Je lui avais montré toutes les pièces, même celle où je fais le repassage. Mon caraco en satin est toujours sur le séchoir. Alors je suis descendue et j'ai glissé la tête dans la machine à laver le linge, parce que c'était froid, propre, et que ça avait l'habitude d'être mouillé par toutes sortes de cochonneries.

Vendredi 1ᵉʳ mars

Meggie était assise dans la salle des profs. Elle s'accroche. Elle veut corriger des devoirs, surveiller les colles et se disputer avec le remplaçant qui a versé de la limonade éventée dans le ficus. C'est ce qu'elle a choisi ; c'est le choix qu'elle a fait. Elle ne veut pas rester chez elle avec les catalogues Prénatal et son gros ventre tel un globe qui lui aurait joué un mauvais tour, une grosseur à présent aussi plate qu'un atlas.

« Meggie », lui ai-je dit, sur ce même ton qu'il employait pour m'appeler. Elle a cru que c'était pour elle, cette larme qui cherchait son chemin, coulant de mon œil aussi lentement que la colle d'une coquille d'œuf ébréchée.

« Je t'en prie », m'a-t-elle répondu.

Le prof de dessin qui va émigrer en Australie à Pâques faisait le tour de la salle des profs déguisé en kangourou et tout le monde hurlait de rire puis lui fourrait des cartes lui souhaitant bon voyage dans sa poche ventrale. La pauvre fille qui le remplace dès lundi matin avait l'air un peu perdue et laissée pour compte, ou peut-être qu'elle essayait de prendre cet air-là par bienséance.

« Je comprends, ai-je dit à Meggie. Je comprends un peu. Un peu c'est beaucoup.

– Je t'en prie, m'a-t-elle rétorqué, je t'en prie, épargne-moi. Moi je ne te comprends pas, et ces trucs du catéchisme sur les gens qui se comprennent et deviennent honnêtes parce qu'ils ont compris les autres, c'est du pipeau, Meggie. Je le sais et toi aussi tu le sais. On n'est pas tombées de la dernière pluie, toi et moi. On a traversé des épreuves, compris leur enseignement. On connaît les ficelles, sans parler des nœuds dans lesdites ficelles. On comprend. Les prêtres ont l'air super dans leurs habits. Ça s'arrête là. Ce n'est pas la peine de nous donner le baiser de la paix, toutes les deux, si ? »

Son visage dégoulinait comme une aquarelle qu'on aurait laissée sous la pluie. Je me suis penchée vers elle pour l'embrasser sur la bouche.

« Si ? » a-t-elle demandé.

À la dernière minute, à la toute dernière minute, je n'étais plus sûre ; et mes lèvres ont dévié vers le bout de son nez.

J'allais partir à mon cours quand l'aumônier m'a arrêtée.

« La prochaine fois sera la bonne », m'a-t-il dit.

Il sentait le vin de messe. J'adore cette odeur. Quand ils communient, les anglicans reçoivent l'hostie et le vin. Antony tournait les partitions pour l'organiste. Il attendait que ce dernier lui fasse un signe, puis il tournait la page. S'il en avait tourné deux, il y aurait eu un affreux grabuge. La chorale se serait envolée comme des fleurs d'aubépine dans un vent contraire.

« Ne le prenez pas trop à cœur, a-t-il ajouté. On dirait que vous assistez à votre propre enterrement. C'est juste un poste de prof principal, pour l'amour du ciel. Vous savez combien ça vaut après les retenues fiscales, un poste de prof principal ? Après les retenues fiscales un poste de prof principal vaut à peu près soixante livres en plus. C'est quoi soixante livres ? Ça vaut tout juste dix livres par semaine. À Dar es-Salaam bien sûr, dix livres en plus par semaine ça serait comme si on avait gagné le jackpot ; mais à Dublin, c'est quoi, un paquet de cigarettes par jour, ou peut-être une soupe et une salade à emporter. »

J'ai toujours su qu'un jour, un jour à l'heure la plus noire de ma vie, j'aurais besoin de haïr un autre être humain pour que les douze heures d'obscurité quotidienne ne croissent ni ne se multiplient à l'aveuglette ; et j'avais toujours pensé que ce serait Meggie. Mais où est-elle maintenant que j'ai besoin d'elle plus que jamais et plus que tout ? La vie est tellement maligne ; je pense qu'elle nous a inventés juste pour se faire mousser, pour danser sur un mouchoir devant le terrible univers.

Il m'a regardée, comme si j'étais une ordonnance qu'il n'arrivait pas à déchiffrer. Il n'est pas méchant, le pauvre bougre.

« Vous êtes dans un autre monde, Meggie », m'a-t-il dit. Ça c'est de la mauvaise théologie.

Dieu a regardé le monde et vu qu'il était bon ; pas heureux. Je n'avais jamais remarqué ça jusque-là. Lui savait tout du long. Il le savait depuis le départ.

« Gardez la foi », m'a lancé l'aumônier, et il s'en est allé, vers une autre partie du monde. Quand il s'est arrêté à la table d'à côté, nous étions séparés par des années-lumière. Des atomes de poussière, la fumée du café et celle des cigarettes flottaient dans la lumière de la lucarne de la salle des profs comme ces grands gaz migrants qui se refroidissent et se contractent pour devenir des étoiles, je suppose, et éclairer des choses pour lesquelles il n'y a pas de quoi fouetter un chat, encore moins lui donner sa langue.

Ma main était tellement loin de mon corps que je ne pensais pas réussir à l'atteindre. J'ai contracté l'épaule pour la tirer vers moi.

Il était dix heures ; puis dix heures cinq. Les infirmières devaient sortir du taxi. À travers la vitre, celle à qui j'avais parlé tendrait au chauffeur le bon offert par l'hôpital. Peut-être qu'elle le signerait. Les autres s'enrouleraient dans leurs capes à cause du froid et se demanderaient entre elles si dans une église protestante on fait la génuflexion. Elles décideraient de faire comme la famille. Le frère était haut placé à Bruxelles.

Je crois que j'étais occupée à lire un livre en classe. Les caractères étaient minuscules. Le chauffage ne marchait pas. Les filles avaient des jambières sous leurs jupes. J'avais gardé mon écharpe et mon manteau. Je voyais mon souffle devant moi tandis que je lisais. Puis il a disparu.

Il était dix heures trente. Ma vie penchait dans le sens contraire des aiguilles d'une montre. Je lisais Dickens. Je lisais *Les Temps difficiles*. C'était ça. C'était ce que je faisais. Je le faisais bien. Les différentes voix, les différents accents. Je n'avais jamais interprété le personnage de Bounderby aussi bien qu'aujourd'hui. Ils ont ri, les gamins. Ils ont ri, ils ont découvert leurs mauvaises dents abîmées ; et leurs jambes se sont trémoussées sous les pupitres.

J'ai replié la couverture du livre jusqu'à ce que le dos couine et qu'une page s'en détache proprement. « Mme Sparsit, m'dame », ai-je dit. C'était moins le quart. L'organiste jouerait un morceau pour orgue et le pasteur se saperait dans la sacristie, enfilant son surplis par-dessus une chemise imprégnée de l'odeur du Xylophène passé sur la porte coulissante d'un garage. Il ne savait peut-être même pas à quoi ressemblait le corps mince et fort dans le cercueil, il ne l'avait peut-être jamais rencontré. Il était superbe. Il était superbement coordonné, sauf les chaussettes. Son rire était merveilleux. Il voyait à travers les choses, et à l'intérieur. Il avait un œil d'aigle. Son oreille était courbée comme un point d'interrogation ; il écoutait. Il écoutait avec l'oreille de Van Gogh. Ses cheveux étaient tellement fins et blonds qu'on aurait pu en faire des pinceaux et peindre un homme et une femme marchant dans la neige qui continuait de tomber, ou un homme et une femme se pénétrant sur le lit d'une chambre, s'unissant, se séparant, la ligne côtière, la succion ; ces cris silencieux de ramasseuse d'huîtres qu'elle poussait pour lui plaire tandis que la puanteur dense et décente de la mer, iodée, saumurée, lavait et mouillait les draps où elle dormait avec un éléphant.

Pour le personnage de Louise j'ai gardé ma voix habituelle. Je n'arrivais pas à trouver d'accent. Il était presque onze heures. La pendule de la salle tictaquait comme un lent compteur, tellement lent. La famille, les amis et les collègues en deuil feuilletaient sûrement le missel en essayant de se souvenir depuis combien de temps ils n'avaient pas lu un anglais aussi superbe. Ils l'emporteraient avec eux au Portugal et le liraient à la plage.

« Si on les surprenait à siffloter en travaillant, les ouvriers pouvaient être renvoyés, ai-je expliqué. Les femmes enceintes descendaient dans les mines. Elles portaient des canaris en guise de lanternes. Elles perdaient leurs eaux dans d'étroits tunnels tandis qu'on emportait le charbon pour chauffer les fesses des hommes qui ont fait de l'Histoire ce qu'elle est aujourd'hui.

« Mademoiselle, a dit l'un d'eux. Et *La Ferme des animaux* ?

– *La Ferme des animaux*, ai-je répondu. Eh bien quoi ?

– Vous aviez dit, m'ont-ils informée, vous aviez dit...

– J'avais dit quoi ? » Quoi que j'ai dit, je le retire. Quoi que j'ai fait, je ne le voulais pas. Quoi que j'ai voulu, je ne l'ai pas fait.

Quoi que.

Il était onze heures moins cinq. Les deux aiguilles de la pendule se sont rejointes comme pour une prière.

« Vous aviez promis. Vous aviez promis de nous passer *La Ferme des animaux* ou *Roméo et Juliette*. Vous aviez dit qu'on pourrait se reposer. Vous avez inscrit ce jour-là dans votre agenda, pour pas oublier. »

Je leur ai répondu que le magnétoscope ne fonctionnait pas.

« Le magnétoscope ne fonctionne pas, leur ai-je dit. Il refuse de m'obéir. »

Ils m'ont répondu qu'il y en avait un autre.

« Il y en a un autre, ont-ils dit. Le proviseur en a un ; l'aumônier en a un.

– Le proviseur en a deux, a lancé quelqu'un.

– Je ne sais pas les faire marcher, ceux-là, j'ai mes petites habitudes. »

Mais le garçon du nom d'Antony a levé la main ; sa main attentionnée et fatiguée. Il savait les faire marcher. Il savait faire marcher n'importe quoi. Est-ce que je l'autorisais à sortir ? À sortir pour aller les chercher ? Si je le laissais sortir maintenant on aurait encore le temps de tout voir avant la cloche, avant qu'il ne soit trop tard.

« Si je te laisse partir, tu ne reviendras jamais. Je ne te reverrai plus jamais. »

Il a tiré sur sa fine cravate en cuir comme sur la corde d'une cloche. Il était fâché contre moi.

« Mon Dieu, a-t-il dit ; et les élèves ont ri.

– Qu'est-ce que tu as dit ?

– Qu'est-ce que j'ai quoi ?

– Qu'est-ce que tu as dit ? Et enlève-moi ce chewing-gum de la bouche avant de répondre. »

Je ne pouvais pas l'appeler Antony. Il y a des prénoms qui sont bien trop tristes. Il y a des mots qui sont trop tristes à prononcer.

« Mon Dieu. C'est tout. Mon Dieu. » Et les élèves ont ri plus longtemps, et plus fort.

« C'est un mensonge, ai-je rétorqué. Le dessin animé de *La Ferme des animaux* est un mensonge. C'est un mensonge parce que ça transforme la fin. Si on transforme la fin, alors on transforme aussi le milieu ; puis on se retrouve à transformer aussi le début ; donc on revient à la case départ, non ? Ensuite il est trop tard pour faire quoi que ce soit. »

Les pendules qu'ils fabriquent maintenant sont silencieuses, sauf le tic-tac bien sûr. Il ne se passe rien à l'heure pile, rien du tout. Et je me suis rendu compte que les cloches des églises se sont arrêtées elles aussi ; elles ont arrêté de sonner à l'infini, comme elles le faisaient quand j'étais petite, ou plus petite. Est-ce parce que maintenant tout le monde peut s'offrir une montre, ou parce qu'ils construisent des églises sans clochers ni flèche à un angle de quatre-vingt-dix degrés par rapport au sol que nous foulons ? Bien sûr que c'est très cher, un clocher ; alors qu'on peut se baigner dans la mer avec une montre et qu'elle marchera toujours ; elle continuera toujours de marcher.

Je n'ai jamais assisté à un enterrement protestant.

« Quand on aura fini de regarder *La Ferme des animaux*, les poules auront des dents », a dit une des filles ; et ça les a fait hurler de rire.

Est-ce qu'il porte une montre dans le cercueil ? Est-ce que les protestants ont un linceul, comme nous ? J'ai connu un catholique qui a été enterré avec ses vêtements de tous les jours – une chemise, un pantalon et une veste – mais pas de sous-vêtements je crois ; pas de tricot de corps ni de slip.

« Le moment où les poules auront des dents, dit la fille, c'est celui où le dessin animé s'éloigne du livre, un peu. »

Il a posé sa montre sur la table de nuit, et puis il était nu. Ça avait laissé une trace rose sur sa peau, comme quand on enlève un bout de sparadrap ; et l'élastique serré de son slip avait dessiné une marque autour de son ventre, comme le rond de crasse dans la baignoire. Je le lui ai dit et il m'a répondu que j'étais une vraie cruche.

« On n'est pas à Disneyland, j'ai rétorqué à la fille, on est en Irlande ici. Voilà. La gardienne de passages cloutés n'est plus là ; les passages cloutés ne sont plus là ; la grand-route n'est plus là. Il y a beaucoup de circulation sur une surface qui n'est pas dure. Et les pieds... Les pieds prennent la mesure des choses, quelles que soient les mesures à prendre, avant de toucher le sol. Il n'y a rien de terre à terre, voyez-vous, dans le fait d'être ici, ici même, sur la terre. »

Un service sans messe serait un peu court, non ? Et ils récitent « Le Seigneur est mon berger ». Ils récitent « Le Seigneur est mon berger » au cimetière. On voit ça dans tous les films d'horreur, puis ils paient un homme pour enlever toutes les feuilles sur tous les arbres, pour que la scène ait l'air hivernale. Ça doit lui prendre une éternité de les effeuiller l'un après l'autre, le sorbier commun et l'érable, jusqu'à ce que ce ne soient plus que des bâtons enfoncés dans le sol, des gribouillages dans la lumière finissante de l'heure de pointe. Pendant des lustres ses mains auraient leur odeur, comme l'intérieur d'une théière ; ou jusqu'à ce qu'il s'achète des frites sur le chemin du retour.

« Bon, alors, on en était où ? ai-je demandé.

– Dickens, m'ont-ils répondu. *Les Temps difficiles.* »

Ils sont vingt-sept ou vingt-huit dans cette classe. Dans cinq ans deux d'entre eux seront morts. Six seront partis vers l'Angleterre ou l'Amérique. Dix ne trouveront jamais de travail. Deux subiront un avortement ; deux non. Un ira en prison. Deux des filles perdront un enfant ; l'une aura une enfant handicapée et l'appellera Madonna. Cinq de leurs visages se parchemineront comme des ballons lors d'une fête, suite à un régime de cigarettes, d'antidépresseurs et de sédatifs aux noms féminins, ceux des fleurs sauvages que l'on ne trouve que dans l'Arctique. Et l'un de leurs poignets portera une cicatrice jusqu'au coude, avec une série d'entailles pâles comme les traits à la craie que trace un prisonnier pour marquer le passage du temps.

« Mademoiselle, ont-ils lancé, mademoiselle. »

Aucun d'entre eux ne porte de lunettes. C'est

dire à quel point leurs yeux sont bons de nos jours.

« On est toujours là, mademoiselle, a dit Antony. On y est encore pour un an et demi. »

À leur bal de fin d'année je devrai m'assurer que chaque fille danse avec un prof et deux garçons en plus de son cavalier. Aux toilettes je détournerai le regard quand elles utiliseront un faux diaphragme pour mesurer la vodka. Je ferai des expressos pour celles qui auront vomi et pour celles sur le point d'en faire autant. Je danserai avec l'aumônier quand le tempo sera rapide et que je ne serai pas obligée de le toucher. Au bal masqué la bonne sœur trouve toujours son prêtre.

« Vous êtes rafraîchissants », leur ai-je dit.

Leurs chemins ne se croiseront jamais mais ils seront jalonnés de croix.

« Vous êtes fabuleux. »

Quand on appelle l'horloge parlante, c'est une femme qui vous répond. Ce n'est jamais un homme ; c'est toujours une femme. C'est parce que la personne qui appelle est nerveuse et nue ; il ne peut pas se reposer, il ne sait pas, il a besoin d'entendre cette voix qui lui dit : « Reposez-vous, reposez-vous maintenant, je suis là, je suis ici à côté de vous, au troisième top il sera zéro heure zéro minute et quarante secondes. » Sa voix est polie mais étrange, comme une voix de femme devrait l'être, récitant les statistiques d'un massacre à un homme qu'elle n'a jamais rencontré.

« Merci, a-t-il répondu, merci beaucoup, mademoiselle. » Il a bu son whiskey du duty free dans un gobelet en plastique qui sent le fil dentaire ; il ne se rend pas compte que c'était un message enregistré qu'il écoutait. Il s'assied sur le dessus-de-lit en chenille et parcourt les pages à voix haute, minutant son intervention sur la détresse fœtale grâce au chronomètre posé sur l'oreiller.

Quand il s'est endormi la bouche ouverte, j'ai posé sa montre sur la moquette. Son tic-tac était tellement fort contre la table de chevet que je ne pouvais l'ôter de ma tête.

« Mademoiselle, a demandé une fille, si on peut pas regarder *La Ferme des animaux*, on peut regarder *Roméo et Juliette* alors ? »

Ça doit être fini maintenant.

« *Roméo et Juliette* ?

– Oui, a répondu un garçon, Roméo et Olivia Hussey. » Et tous les autres garçons ont fait claquer leur pouce dans la bouche. Les filles étaient ravies et leur ont dit d'aller se faire voir.

Une personne en deuil donnera sa carte à une autre tandis qu'ils reposeront leurs missels odorants en pile au fond de l'église ; et l'autre la prendra, vexé de ne pas avoir apporté les siennes, puis il décidera de s'en faire imprimer, même si ça doit coûter un peu. Les infirmières suivront la communion dans le livre de prières et diront combien ça ressemblait à la messe, vraiment, sauf que lorsque les protestants ont parlé de corps et de sang ils ne voulaient tout de même pas dire chair et sang, si ? Ils parlaient du pain que l'on brise, pas des cœurs. Et le pauvre pasteur dans la sacristie se dévêtirait parmi les pièges à souris et les portraits des pasteurs à favoris qui le précédèrent, tout en s'interrogeant sur l'odeur du radiateur électrique à double barre posé à ses pieds. Voilà une chose à laquelle il lui faudrait réfléchir ; voilà une chose à laquelle il lui faudrait réfléchir très sérieusement.

Ils ne l'ont pas incinéré. Ils ne feraient pas ça. Ils ne le feraient pas.

« Allez, mademoiselle, on sautera les passages osés.

– On n'a pas de temps. Il ne nous reste plus de temps. »

Antony a regardé la pendule.

« On a des tonnes de temps. Il est juste onze heures passées.
– S'il vous plaît, a imploré un autre garçon. Si on commence maintenant, on pourra tout voir.
– Soyez chic, mademoiselle », a insisté une des filles.

J'avais toujours cru que dans « Je ne voudrais pour rien au monde qu'ils te vissent ici » de *Roméo et Juliette*, le « vissent » venait de visser. Mais non. C'est le subjonctif de voir.

Je ne savais pas ça, moi, un prof.

« Pourquoi pas ? » ai-je répondu ; et toute la classe a applaudi.

À midi je suis allée au bureau pour informer le proviseur que je rentrais chez moi parce que je n'étais pas dans mon assiette. Je le serais lundi. Je le serais alors plus que jamais. Mais il était parti ; en réunion. C'est sa secrétaire qui me l'a dit. Elle parle lentement, comme si elle comptait les mots d'un télégramme. Sans quoi elle oublie de dire « nous » au lieu de « vous ».

« Vous lui expliquerez, ai-je dit, que je ne suis pas au meilleur de ma forme.
– Nous comprenons, a-t-elle répondu. Nous avons nos petites affaires ce matin.
– Pas exactement.
– Non, bien sûr. »

En fait, je crois qu'elle cache quelque chose. Son rire n'est pas normal. Elle mange des raisins secs à longueur de journée. Elle a des câbles de démarrage dans son tiroir, mais elle les fait payer, une livre à chaque fois.

« Je n'ai rien qui cloche, ai-je ajouté.
– Je vois. Nous partons en week-end.
– Oui, oui, c'est ça.
– Paris. Ce n'est pas très gai, par ce temps. Tempêtes de neige et grève à l'aéroport, si nous avons bien entendu.
– Je ne vais pas à Paris.
– C'est plus raisonnable.

– Je rentre chez moi.

– Ils seront ravis de vous voir. Nous ne dirons rien à l'Ami et Père de toute l'Humanité quand il reviendra de sa réunion pour reprendre la lutte révolutionnaire et que ses chaussettes de marque feront pfit pfit pfit sur ma moquette. »

Elle était au bord des larmes à cause de quelque chose. Je me suis excusée, que Dieu me pardonne.

« Mes lèvres seront closes », m'a-t-elle lancé tandis que je m'éclipsais ; et puis elle s'est sentie encore plus contrariée, parce qu'elle avait dit « mes » et pas « nos ».

Lundi, un mauvais jour. Mardi, un meilleur jour. Mercredi, un jour moyen. Jeudi, un jour entier. Vendredi, un jour saint. Samedi, un jour super. Dimanche, un jour de messe. Voilà ce qu'avait été ma semaine, semaine après semaine pendant des années. Le week-end, je retrouvais Dieu ; toujours chez lui, jamais chez moi. On avait passé un accord ; seulement le week-end. Il ne devait pas m'appeler chez moi ; il ne devait pas me contacter au travail ; il ne devait pas me laisser de messages. Il y a un lieu et une heure pour chaque chose.

Mais voilà que maintenant il avait violé les règles. Maintenant il en veut davantage. Il veut plus que mes lèvres et ma langue. Il me veut, moi. Il s'est mis à m'écrire des lettres. Il s'est mis à téléphoner à l'école. Il est entré chez moi par effraction, pour me fouiller, pour fouiller la chasse d'eau à la recherche de semences de perles, pour fouiller dans les jupons et les chemisiers du panier de linge sale à la recherche d'un bracelet en or, pour fouiller la graisse solidifiée de la friteuse à la recherche de deux boucles d'oreilles en or. Je rentre, j'allume, et tout est sens dessus dessous dans ma vie.

Et pourtant je croyais que ça durerait. Je n'en demandais pas davantage. Ça aurait été suffisant si ça avait duré, encore et encore. Ça aurait été plus qu'assez. Je pensais que ça serait sécurisant, sécurisant pour nous deux, Meggie et Antony, parce que ce n'était pas du premier choix, parce qu'il y avait un éléphant dans le coup, une veine qui était peut-être une varice, des cheveux qui se clairsemaient et un abcès à la gencive dans la bouche que je lui tendais pour qu'il l'embrasse, l'embrasse encore, et encore l'embrasse, tandis que mon nez devenait bruyant parce que ça faisait des lustres que je ne m'étais pas mouchée.

Je l'ai fait dans la salle de bains, avec les deux robinets ouverts pour atténuer le son.

« Tu te fais couler un bain ? »

Il appelait depuis la chambre, depuis le lit. Xerxès était sur ses genoux. Ils faisaient connaissance, voyez-vous. C'était délicat. Xerxès ne connaissait rien à la gynécologie, et Antony ne connaissait rien aux éléphants. Ça prendrait des lunes avant qu'ils se partagent le côté gauche de mon lit. Pendant ce généreux laps de temps, ils parlaient de moi.

« Non, ai-je répondu, je noie une araignée. »

Mais il ne m'avait pas entendue, à cause du bruit de l'eau.

« On dirait que tu fais du kayak. »

J'ai laissé tomber le bout de papier toilette dans la cuvette et j'ai tiré la chasse ; l'eau l'a emporté, là-bas tout là-bas vers la Venise sale d'un tuyau puis d'un autre, un ghetto d'égouts, un camp de transit de larmes, d'ongles et de flocons, vers l'usine de traitement des déchets autour de laquelle ils ont planté des peupliers.

Samedi 2 mars

Il faisait encore nuit quand je me suis réveillée.

On dirait du Dante Alighieri, à supposer que cela s'écrit comme ça. Un de ces quatre je vais m'acheter un dictionnaire convenable. Celui que je possède n'a pas « priapique » ou « pusillanimité », pour n'en citer que deux. Je sais que c'est un dictionnaire junior, bien sûr, mais quand même.

Enfin bon.

Il était près de quatre heures quand je me suis levée. Ils passaient *La Mer cruelle*. Ça parle de la mer et tout et tout. En fait, j'ai cru que la télé était nase, enfin presque, parce qu'il n'y a pas eu de couleur jusqu'à l'apparition de la pub pour le détergent toilettes avec *La Symphonie du Nouveau Monde*. Puis j'ai compris que le film était en noir et blanc, ce qui est étrange, parce que *Autant en emporte le vent* a été tourné avant la Seconde Guerre mondiale, et c'est tout en couleurs. Ou je me trompe ?

Non bien sûr. Sa robe était jaune citron. On ne voit pas de jaune citron en noir et blanc. Point final.

J'ai avalé quelques verres ; pourquoi pas ? De toute façon j'ai besoin du carafon de cristal pour le porto, et je n'ai rien où faire décanter son whiskey, sauf un Tupperware. Donc voilà. De plus je connaissais encore chaque réponse du jeu télévisé, sauf une sur l'année du mariage du prince Philip et de la Reine qui était... J'ai oublié. Mais onze sur douze ce n'est pas trop mal, si l'on songe que nos cellules nerveuses meurent au rythme d'environ cinquante mille à chaque déglutition.

Le chien des Peanuts s'appelle Snoopy.

Il n'y a pas de pingouins au pôle Nord. Pas un.

L'Égypte.

Le mot latin pour gauche est sinistre.

Il est né et mort un 21 avril.

C'est Churchill qui a fait le speech sur les plages, etc.

Les ides de mars. Le premier crétin venu sait ça, bon sang.

Le pont des soupirs à Venise.

Benny Hill.

John Kennedy. Mais je n'en crois pas un mot ; pas une seule syllabe. De plus, le pauvre bougre est mort à présent ; et Marilyn Monroe aussi. Qu'on les laisse donc reposer en paix. Personne ne sait ce qu'ils ont dû subir. Personne. Eux-mêmes ne l'ont peut-être pas su non plus.

La dernière était sur les Esquimaux. Ils ont quarante mots pour décrire la neige, mais aucun pour le désert. Ça aussi je le savais.

Pour être franc malgré tout, et je n'ai rien contre les Esquimaux, ça me paraît un peu naïf.

Quand le téléphone a sonné, j'ai cru que c'était ma mère. C'est dur de perdre l'habitude de faire d'énormes suppositions basées sur d'ébouriffantes probabilités ; cela semble nous être inculqué, dans les recoins les moins naturels de notre nature. Peut-être que c'est une partie du péché originel, cette croyance viscérale que deux et deux font quatre, que l'eau coulera du robinet si on l'ouvre, dans une maison qui sera toujours là – avec ses étagères à épices et ses tringles à tapis – quand on sera debout à la porte et que l'on glissera une clé qui convient dans un trou de serrure ad hoc.

Meggie avait inscrit son enfant à un lycée privé tenu par les bénédictins deux jours après son examen positif d'urine, alors que le futur haute-contre et capitaine d'une équipe junior de cricket avait la taille d'un cil flottant sur sa pupille.

« Il fera ce qu'il voudra. Astronaute s'il veut. Je n'ai pas encore décidé. »

Lui l'a fait. Il s'est transformé en costume d'astronaute ondulant au milieu des étoiles mortes de l'espace. Et les doigts d'Antony ont noirci, comme s'il avait changé un ruban encreur pour une secrétaire soucieuse de ne pas abîmer son chemisier ivoire. Elle aime tellement son après-rasage qu'elle lui demande : C'est Meggie qui vous a acheté ça ? Et lui de répondre : À votre avis ?

C'était une de mes anciennes élèves, au téléphone. Elle veut que je vienne à son mariage ; pas à l'église ou au repas, mais à la soirée ensuite. Je réponds que je serais ravie ; elle m'a dit qu'elle l'était aussi ; elle m'a dit que son futur mari l'était également. J'étais ravie pour les deux. Ça signifie un cadeau bien sûr, mais je me suis dit que je pourrais leur offrir *La Poésie complète de Sylvia Plath*. Je leur donnerai peut-être *Les Documents de Vatican II*. Il y a des tartines sur l'aspect sacré de l'amour sexuel qu'ils pourront lire sur l'oreiller.

Que Dieu me pardonne.

Les prostituées de Florence devaient s'habiller à l'envers, c'était la loi. Elles enfilaient d'abord leur manteau, et puis leur robe par-dessus leur manteau ; après ça elles mettaient leur jupon je présume, à supposer qu'elles en aient portés ; puis elles terminaient avec leurs sous-vêtements. Je me demande bien à quoi ils ressemblaient parce que c'était il y a longtemps, à une époque où les églises et les chapelles étaient décorées par tous les génies et où l'Europe entière était catholique comme un seul homme.

Rien n'a changé. D'une manière ou d'une autre nous sommes toutes des prostituées florentines. Les clubs de remise en forme et les coiffeurs sont nos maquereaux. Nous leur donnons leur pourcentage.

C'est pour ça que je l'aimais. Un gynécologue aurait pu sortir avec une femme deux fois plus jeune que lui et personne n'aurait trouvé à redire. Il m'aimait bien, je crois, parce que nous avions été entraînés tous deux à la soirée par un ami et que nos muscles faciaux nous faisaient mal à force de rire à des blagues que nous ne comprenions pas.

Peut-être que tous les gens sont pareils, tous

les gens de la soirée. Auquel cas, qui l'a organisée ? Est-ce que quelqu'un connaît l'hôte ?

Puis le téléphone a encore sonné, et cette fois-ci, cette fois-ci, j'ai eu une étrange intuition. L'espace d'un instant – un instant qui n'en a pas fini de se prolonger, comme le ricochet d'un cri – j'ai pensé que peut-être, peut-être j'avais été terrifiée, terrorisée par quelque chose d'imaginé, quelque chose d'imaginaire, un mauvais tour de la nuit, les arbres et leur respiration haletante, la visite éclair des phares de la voiture dans ma chambre.

Il a sonné et je n'ai pas réussi à décrocher.

Il avait été retardé. Il était resté une nuit de plus. La voiture l'avait lâché en route. Il l'avait vendue à un fan de Morris Minor. Il avait pris le bateau et continué en train. Son frère en Belgique avait eu une autre crise cardiaque ; il se pourrait qu'il meure. Ils étaient occupés à se réconcilier. Le docteur qui était mort portait le même nom, presque, comme moi et l'autre Meggie. Voilà pourquoi. Voilà pourquoi tout le monde nageait dans une telle confusion. À l'hôpital c'était le chaos. Il s'était occupé des patients du défunt. Il n'avait pas dormi. Il n'avait pas fermé l'œil. Il faudrait qu'ils mettent un encart dans le journal, pour expliquer la confusion entre ces noms qui étaient semblables mais qui n'étaient pas les mêmes, pas son nom, pas lui, pas Antony.

Le téléphone a sonné et je me suis dirigée vers lui. J'ai tendu le bras, tendu le bras pour le toucher ; l'ai touché. Mes doigts se sont étalés et installés. Nous en parlerions toutes nos vies, et en ririons, nous en ririons à nous décrocher les côtes. Jamais au grand jamais nous n'en parlerions quand la même chose arriverait à notre fille de dix-huit ans ; simplement nous nous regarderions. Elle ne voudrait pas en parler non plus ; et je comprendrais. Nos larmes couleraient et tomberaient goutte à goutte dans le fond commun.

« Vous faites erreur », ai-je répondu.

C'était juste une femme. Elle voulait parler à Liam. Elle avait composé le 6 avant le 7, au lieu de le faire après.

« Je suis terriblement désolée, a-t-elle dit. Je suis vraiment terriblement, terriblement désolée. »

Dimanche 3 mars

Ma tête s'acharne contre moi. Elle refuse de s'en aller ; la migraine, je veux dire. J'ai l'impression que mon crâne supporte le poids d'un voile aussi long qu'un tortillard qui n'en finit pas d'avancer. La lumière est tellement forte que je vois les os de ma main.

J'avais sept ans. J'ai eu sept ans, jadis. Ils m'avaient donné une brochure, à l'école Montessori. Il y était écrit qu'en cas de guerre atomique je devais tourner le dos à l'explosion. Je devais fermer les yeux. Ensuite je devais rincer les couverts avant de les utiliser.

« Ma sœur, ai-je demandé, qu'est-ce que je fais si deux bombes explosent absolument en même temps, une derrière moi et l'autre devant ?

– Tu te couches par terre et tu te cramponnes à la terre comme si c'était une falaise. »

Quand ils lui ont fait les rayons pour sa tumeur au cerveau, elle s'est coupé les cheveux avec les ciseaux de cuisine avant qu'ils ne tombent. Puis elle les a brûlés, mèche par mèche, comme des lettres conservées dans un tiroir secret.

Monsieur météo dit qu'il pourrait neiger. Il met des flèches partout sur sa carte, jusqu'à ce qu'il ait épuisé son stock. Il faudra que j'en tienne compte. Il faudra que je parte dix minutes plus tôt demain matin, parce que les voitures avanceront comme des escargots. Je dois me montrer. Parce que si je continue à prendre sur moi, matin après matin, peut-être qu'un jour je serai prise. Si j'essaie d'être à l'heure pour mes illusions, peut-être que je serai en retard le jour où il me faudra les perdre ; tellement en retard, en fait, que je les louperai complètement. Et j'essaierai de me réjouir du lendemain, même quand il aura pourri pour devenir aujourd'hui.

Le recensement. Le recensement a lieu ce soir. D'un bout à l'autre du pays, où qu'il y ait des lumières, des serrures et des antennes, dans les bungalows, les chambres meublées, les duplex, les chaumières, les appartements, les fermes et les demeures familiales que vous pouvez visiter avec un billet pour deux adultes – c'est gratuit pour les enfants – il y a des hommes et une femme qui s'interrogent sur tous les chiffres de leur vie comme s'il s'agissait de mathématique de haute voltige. Mais pour moi c'est tellement simple. C'est aussi simple que deux plus deux, franchement.

Je m'appelle Meggie.

Mon mari s'appelle Antony. Pas Tony. Ça s'écrit comme dans la pièce de Shakespeare.

Felicity est mon aînée. Elle a dix-sept ans. Elle ne raffole pas de son nom mais c'est trop tard pour faire quoi que ce soit.

Hannah est la cadette. Elle a onze ans. Elle a commencé à garder des enfants pour se faire de l'argent de poche ; si c'est après vingt-deux heures il faut qu'on la reconduise à la maison, je ne transigerai pas là-dessus.

Antony est le benjamin. Il a neuf ans tout juste. Il y a moins de deux ans entre lui et Hannah. Je pourrais vous raconter des histoires sur sa conception, mais c'est trop personnel. Je me contenterai de dire qu'il n'était pas prévu. Son père trouvait que c'était une mauvaise idée de lui donner son prénom ; selon lui ça allait rendre son œdipe encore plus complexe. Mais j'ai insisté. Le pauvre petit bonhomme a un problème de surdité qui empirera, ou peut-être pas. Il me suit dans le jardin quand je ramasse des fruits tombés dans un couffin ; et il n'arrête pas de me demander : « Est-ce que tu m'aimes ? Dis, tu m'aimes ? »

Je le prends dans mes bras, comme du linge propre. Je le respire, le bon linge.

C'était un homme qui mettait les gens au monde. Ce n'est pas la pire manière d'avoir gâché sa vie. Un bébé de quarante ans a dit que même si elle devait vivre jusqu'à cent ans elle ne verrait jamais rien de plus beau que la route sous sa fenêtre, quand elle le saluait en robe de chambre et qu'il avait démarré avec ses gants en daim rampant le long du toit de sa voiture, comme une scène de *La Quatrième dimension*. Parce que rien ne l'avait préparée à quelque chose d'aussi merveilleux, et qu'à présent il n'en restait rien. Le moment était venu pour les autres sens. L'équilibre de son esprit avait été perturbé par un éclair de raison passagère.

Je le sens en moi comme un membre fantôme. Les orteils me démangent au bout d'une jambe que je n'ai plus.

Je suis tellement fatiguée. Je n'ai pas du tout sommeil. Mes yeux sont trop lourds pour se fermer. Mes cils se décollent comme des points de suture.

Il avait tort. Elle est sale, bestiale et longue.

Pourquoi est-ce que ma mère n'a pas appelé ?

LES RAILS

Timmy se penche au-dessus de l'accoudoir de son siège côté hublot et informe l'hôtesse qu'il est malade. Il aurait pu s'adresser au steward – celui qui, il y a dix minutes, lui avait apporté le jeu d'échecs magnétique auquel il manquait le fou – mais il ne l'avait pas fait. Il n'a peut-être que douze ans, douze ans et des poussières, mais sa mère et sa sœur lui ont déjà appris qu'il valait mieux partager ses secrets avec les femmes.

L'hôtesse lui sourit. Son sourire est assuré, professionnel, et ses yeux sont fatigués. Un peu de liquide coule de son lobe gauche, à l'emplacement de la boucle d'oreille qui n'y est pas. Il se demande si ça lui fait mal, se souvient de l'ancienne religieuse qui avait percé les oreilles de sa sœur à treize ans. Les Allemands prenaient-ils les boucles d'oreilles et les plombages en or aux hommes et aux femmes qu'ils tuaient dans les camps dont il ne pouvait prononcer le nom ?

« Tu es malade ?

– Un peu.

– Tu as mal à la tête ou au ventre ?

– Au ventre.

– Peut-être que tu as bu ton Coca trop vite. Tu ne crois pas que tu te sentirais mieux si tu inclinais ton siège ? Ou si tu vomissais dans le sac vomitoire ?

– Non. » Il a déjà fourré le sac, le magazine de la compagnie aérienne et le sachet de sucre du déjeuner dans la poche de son blazer, comme souvenirs du vol.

« On arrive bientôt à Düsseldorf », lui dit-elle ; et elle tend la main par-dessus son voisin, un homme âgé, pour lui ébouriffer les cheveux de ses ongles rouges.

Maintenant qu'elle l'a touché, il lui faut avouer. Il espère que l'autre passager n'entendra pas, mais le bonhomme paraît endormi, la bouche ouverte – il a un appareil dentaire sur ses dents d'en bas, comme s'il était retombé en enfance –, et une légère odeur de lotion capillaire s'échappe de son col boutonné.

« Je n'arrive pas à y aller, explique Tommy à l'hôtesse. J'ai essayé d'y aller à la maison depuis que je me suis réveillé ce matin. J'ai essayé à l'aéroport, dans le hall des départs, et j'ai essayé deux fois depuis que l'avion a décollé, mais j'ai dû m'arrêter parce que j'avais peur qu'il y ait d'autres gens qui attendent dehors. Et ça fait de plus en plus mal à chaque fois. »

Elle rit, gentiment.

« C'est juste de la constipation, lui explique-t-elle. Ça passera. Maintenant tu sais ce que les femmes ressentent quand elles ont leur bébé. »

Elle s'éloigne tandis que le passager âgé se réveille.

« Je pourrais la dénoncer, dit-il à Timmy. Je pourrais la dénoncer pour avoir dit ça. »

Timmy ne répond pas. Au lieu de cela il regarde fixement par le hublot, inclinant légèrement ses lunettes sur le bout de son nez pour que la campagne en dessous lui apparaisse plus clairement. Qu'est-ce que les femmes ressentent quand elles ont leur bébé, et pourquoi c'est mal de dire ça ? Son ventre se contracte à nouveau, l'obligation d'aller aux toilettes lui coupe le souffle.

« Ça va ?

– Oui, merci. »

Le passager âgé dans le siège voisin approche un vaporisateur de Ventoline de sa bouche et le suce avidement. Après dix ou quinze secondes il expire à nouveau lentement, comme s'il soufflait des anneaux de fumée invisibles. Il lance un regard à Timmy.

« La belle vie, dit-il.

– Vous étiez dans l'armée pendant la guerre ?

– Oui. »

Timmy est ravi. Il presse la base de ses deux pions l'une contre l'autre et leurs aimants collent parfaitement.

« Dans les commandos ?

– Au ravitaillement. » Le visage du garçon se ferme. « Ne crache pas dessus. Une armée marche à l'estomac. »

Mais Timmy détourne son regard vers le hublot. Très loin en dessous de lui il voit une rivière qui doit être le Rhin, un vers mince couleur ciment ; et tout près il y a une route, une *autobahn* peut-être, une relique du Reich. Mais où est donc la voie de chemin de fer ? Il doit sûrement y en avoir une entre Düsseldorf et la ville de Krefeld où les Sterm habitent. Après tout, il y a des rails partout dans ce pays étrange et sinistre ; les rails mènent des villes vers les camps de concentration à travers la campagne, et tout le monde savait ce qu'ils faisaient, tout le monde le savait à l'époque, et personne n'a rien dit.

Le garçon pense aux dépôts, aux déportés blottis les uns contre les autres. Il pense aux chimistes, aux professeurs, aux mezzo-sopranos, tassés dans des wagons à bestiaux étouffants et hermétiquement fermés ; des hommes avec des barbes qui avaient donné des cours magistraux d'anatomie, des artistes et des actrices dont les loges débordaient de plantes insectivores en provenance d'Argentine ; des gens qui savaient parler trois langues, et qui pourtant ont dû relever leurs robes ou baisser leurs pantalons pour s'accroupir au-dessus de la paille tandis que le train filait en grondant vers les miradors.

« Tu aimerais voir le cockpit ? »

L'hôtesse lui lance un sourire rayonnant. Elle

paraît revigorée. À moins qu'elle ne revienne à cause de ce que le vieil homme a dit ? Est-ce qu'elle pourrait perdre son emploi à cause de lui ?

« Non, merci.

– Tu ne veux pas être pilote quand tu seras plus grand ? »

Il la regarde, regarde le lobe suintant puis une mèche folle de cheveux châtains qui sont noirs à la racine.

« Non, je veux être juif. »

Elle fronce les sourcils, le passager âgé se tourne pour le regarder fixement ; et l'avion entame sa descente.

Ses camarades de classe sortent en bande du petit bain qui sent le chlore pour se diriger vers les vestiaires des hommes. Ils enlèvent leurs maillots de bain et les essorent au-dessus des lavabos, caquetant avec excitation dans ce vaste espace en bois dont les casiers ressemblent à des paniers. L'un d'eux sifflote un air des Monkees ; un autre s'enfonce une barrette dans la narine pour y gratter une croûte.

« Je meurs de soif. De l'eau, de l'eau. »

Faisant semblant d'avoir soif, un des garçons laisse pendouiller sa langue. Un plus grand lui offre son minuscule téton rose et celui qui a soif le mâchouille avidement.

« C'est bien mon enfant, suce. »

Timmy essore ses shorts de gym, les essore et les étire jusqu'à ce que les derniers petits filets d'eau gouttent sur le sol. Il lui faudra les porter à nouveau dans le bus qui le ramènera à l'école parce que aujourd'hui il a encore oublié son maillot, pour la troisième fois ce trimestre. Comme punition il doit écrire le *Notre Père* douze fois, une pour chaque année de sa vie.

« Aux douches ! Aux douches ! Vite, vite ! »

C'est M. Madden qui crie, planté sur le pas de

la porte. Il apporte le grand carton à chips où il garde en sécurité les lunettes et les montres des garçons pendant qu'ils sont dans la piscine. Timmy se précipite sous la douche, bousculant et bousculé à son tour, tandis que les hanches et les fesses des autres garçons frôlent les siennes. Il lève son visage vers le jet dur de l'eau.

« Allez, vas-y, Hardiman. Allez. Vas-y maintenant. »

Une voix, deux, puis plusieurs, toutes. Timmy se joint à elles, bien qu'il ne sache pas vraiment ce que Hardiman doit faire. Le garçon à ses côtés lève le poignet. Il y a un numéro de téléphone écrit dessus, un numéro de téléphone avec cinq lettres ; ça ressemble à un tatouage des camps, ça ressemble à...

« Vous me devrez tous six pence. Tous autant que vous êtes. »

Ils hochent solennellement la tête ; ils sont silencieux à présent. Hardiman se croise les bras sur la poitrine et regarde fixement son pénis. Un des garçons arrête la douche ; les autres entourent Hardiman pour qu'on ne le voit pas depuis la porte. Au-dehors ils entendent les cris aigus des élèves de la classe primaire qui barbotent avec leurs planches jaunes, puis un sifflet au lointain. Timmy regrette de ne pas avoir ses lunettes. Sans elles les choses sont floues. Il lui faut serrer les bords de ses paupières avec ses doigts pour distinguer quoi que ce soit.

« Tu as l'air un peu chinois comme ça, lui dit le garçon à ses côtés.

– Ah bon ?

– Un peu. Écoute, Tim, quand tu iras en Allemagne la semaine prochaine, tu pourras me rapporter des timbres de Hitler ?

– Ça peut arriver d'un moment à l'autre », lance Hardiman. Et voilà en effet que son pénis se met à grossir : lentement d'abord, puis plus vite ; il se raidit, s'allonge et se dresse. En silence les garçons fixent du regard le pénis, sa beauté et son absence de gêne.

« Et j'ai même pas dû le caresser ! s'exclame Hardiman. La plupart des hommes doivent le caresser. Mais moi je peux le faire grossir rien qu'en pensant.

– En pensant à quoi ? lui demande Timmy. À quoi tu penses ?

– T'occupe », lui répond Hardiman.

Ils ont quitté l'aéroport, sont arrivés à la gare, sont montés dans le train et ont trouvé un compartiment avant que Timmy ait eu le temps d'observer Frau Sterm de près. Une telle inspection ne semble pas beaucoup déranger cette femme réservée et paisible. Elle sourit doucement en regardant par la fenêtre les longues péniches basses sur la rivière.

« Le Rhin, lui dit-elle. Le Rhin. » Et elle rit, elle rit parce que ce garçon blond vénitien la regarde avec un tel sérieux, comme si elle était un ichtyosaure ou quelque autre animal rampant du Muséum d'histoire naturelle où elle emmène son fils Claus les samedis pluvieux. Elle rit et avance ses mains vers son front pour relever sa frange en arrière. Les deux garçons vont bien s'entendre, pense-t-elle : Ils sont différents et la différence, en dépit de ce que les universités peuvent bien raconter, est la source de l'amitié. C'était le but et le résultat de ces programmes, un échange de garçons dont les pères avaient combattu en ennemis mais dont les fils construiraient ensemble des cages pour les lapins, pense-t-elle.

Timmy est intrigué par les poils sous les aisselles de Frau Sterm. Il n'a encore jamais vu ça. Ni sa mère ni sa sœur n'en ont. Il n'en a même pas vu dans le *National Geographic,* pas plus que dans le grand livre interdit de son père intitulé *Les Maladies de la poitrine*. Est-ce que c'est réservé aux Allemands, ou encore aux pays où on parle allemand ? Ou bien est-ce que ça se trouve aussi en Italie et en France ? Frau Sterm ne semble pas timide ou secrète. Après tout, elle porte une robe sans manches. De plus, les Européens du continent sont différents. En Espagne, sa sœur ne serait pas autorisée à sortir sans chaperon ; en Grèce il lui faudrait porter une robe noire si son mari venait à mourir. Le monde est bizarre.

« Tu as peur ? »

Elle lui adresse une grimace qui découvre ses dents. Elle a beaucoup de plombages en or. Si elle avait été juive quand elle était petite, ils lui auraient arraché l'or de la bouche avec des outils de mécanos. Mais elle ne peut pas être juive ; pas parce que maintenant les Juifs sont morts, mais parce qu'elle est mariée à un homme qui servait dans la Wehrmacht, un homme qui a attrapé des engelures en Russie. Alors peut-être que l'or vient d'un Juif, peut-être qu'il a émigré d'une bouche vers l'autre ; peut-être qu'il était habitué au son du lituanien, au goût des ris de veau casher, et que maintenant il entend des salutations allemandes et qu'il mâche des saucisses ?

« Non, répond-il. Je n'ai pas peur. » Et puis, parce qu'il ne supporte pas qu'elle le regarde sans mot dire, il décide de lui parler des cadeaux.

« Je vous ai apporté des bouteilles du duty free », dit-il. Il ne se souvient pas lesquelles ; ses parents ont choisi. « J'ai une maquette d'avion pour Claus. C'est un Heinkel, un bombardier Heinkel. Il y a cent cinquante pièces. Vous connaissez les Heinkels ?

– Oui ; oui, je les connais. » Et elle redevient silencieuse.

Timmy doit aller aux toilettes. C'est toujours le même problème, ce besoin de chier quelque chose de fort et de solide qui semble coincé en lui, doublé de cette impossibilité à l'évacuer. Il quitte le compartiment, se fraye un chemin près d'une femme dans le couloir qui tient un porte-chapeaux qui ressemble aux bois d'un cerf. Il s'excuse tandis que tous deux manœuvrent, s'excuse en se demandant si elle va penser qu'il est anglais et si oui, si elle va le haïr en se souvenant peut-être d'un torse carbonisé sous les décombres.

« Merci, lui dit-il.

– De rien. »

Dans les toilettes, il est seul. Le siège est en plastique, pas en bois comme à la maison. Et la manette est intégrée à la chasse d'eau, ce n'est pas une chaîne. Timmy baisse son pantalon, étudie son slip pour s'assurer qu'il n'est pas taché mais il l'est, légèrement. Comment va-t-il pouvoir les nettoyer sans que Frau Sterm s'en rende compte ? Et si elle s'en aperçoit, qu'est-ce qu'il va bien pouvoir lui raconter ? Sa mère l'a prévenu deux ou trois fois déjà que l'on juge un garçon à l'état de son col de chemise et de son slip. Il s'assied et pousse, s'assied et pousse. Il se palpe le derrière avec les doigts, entre les fesses, là où le bout de la merde est coincé, mais ça ne sort pas. Ça fait trop mal.

La cuvette est sèche. Timmy voit au travers bien que le tuyau d'évacuation fasse un coude. De traverse en traverse en traverse il y a de fines bandes de gravier et d'herbe, un monochrome tourbillonnant, un gris de la même couleur que les uniformes allemands qui se précipite. Les ballerines et les bouchers ont dû voir la même chose, avec leurs yeux pressés contre les fentes dans les mauvais trains de marchandises en bois.

Le garçon arrache du revers de son blazer le badge sur lequel l'hôtesse aux ongles rouges avait inscrit son nom et le numéro de son vol. Il le tient au-dessus de la cuvette pendant un moment, le sent s'agiter sous la bouffée de la brise montante, et puis il le laisse tomber.

« *Voilà* *, dit M. McDonagh ; et il retire le drap. *Voilà* *. C'est de l'allemand, je crois, ou peut-être que c'est du français. »

Timmy bidouille avec ses lunettes, enlève d'un souffle les petits cheveux qui parsèment les verres, et les chausse. M. McDonagh a suivi les instructions de son père à la lettre. Ses cheveux sont rasés plus courts que jamais. Il a l'air nu, ridicule. Ses joues s'empourprent davantage.

« Je me suis contenté de suivre les ordres », lui dit M. McDonagh.

Le client dans le fauteuil d'à côté glousse.

« Doux Jésus ! s'exclame-t-il. On dirait que tu sors tout droit des camps. Tu pars quand, au fait ?

– Dans trois jours.

– Rapporte-nous de quoi lire, lance l'autre homme. Tu y penseras ?

– Un peu de culture, explique M. McDonagh à Timmy. Wagner, *Les Filles du Rhin*.

– *Die grossen Frauen*, plutôt. Tu vois ce que je veux dire ? »

Timmy secoue la tête.

« Laissez-le, dit M. McDonagh en soufflant tranquillement sur le cou penché de Timmy. Cet enfant est un innocent. »

Timmy glisse un œil vers le reflet de M. McDonagh dans le miroir.

« Le garçon chez qui je vais, explique-t-il, son père était dans l'armée allemande. Il était en Russie. Il y a été blessé. C'était la même année où papa et maman se sont mariés. Alors pendant qu'il se cachait derrière un tank au milieu des tempêtes de neige, mes parents étaient en lune de miel à Parknasilla, sauf que l'hôtel était plein de curés. Est-ce que c'est pas bizarre ?

– Pas vraiment, répond M. McDonagh. Les curés avaient beaucoup d'argent il y a vingt ans.

– Vous vous souvenez de l'invasion de la Russie, monsieur McDonagh ?

– Pourquoi tu me demandes pas si j'ai oublié le jour de mes fiançailles ? Bien sûr que je me souviens de l'invasion russe. J'étais dans l'armée moi aussi à l'époque.

– Où ? Où ça ?

– J'étais posté à Limerick, dans l'armée irlandaise.

– Et vous étiez en faveur de qui ?

– Des Alliés, bien sûr. Je voulais que ce soit eux qui gagnent. Mais...

– Mais quoi ? »

M. McDonagh nettoie ses lunettes avec le bout de sa cravate bleu marine.

« Je voulais qu'ils se fassent bigrement tabasser d'abord. Vu ce que les Britanniques nous avaient fait. »

Le garçon regarde ses cuisses, puis le sol autour de lui. D'épaisses touffes de ses cheveux jonchent le lino. C'était étrange de penser que vos propres déchets – ongles des mains et des pieds, follicules sébacés, mèches de cheveux, un assortiment des morceaux de votre propre corps – pouvaient être triés et balayés comme du caca de chien ou une salière cassée. Et c'était encore plus étrange d'imaginer les petits monticules trempés de cheveux humains que les barbares de Belsen et de Buchenwald avaient rasé sur les têtes des écoliers, celles des bambins dont les dents de lait étaient encore intactes, ou encore celles des adolescents qui faisaient du vélo sans tenir le guidon.

« Et les Juifs, monsieur McDonagh ? Vous saviez, pour les Juifs ?

– Ah, les Juifs, répond-il en enlevant puis en secouant la serviette qui avait protégé Timmy. Les Juifs. Des gens très polyvalents. Un acteur sur deux est juif ; et ils sont partout à Hollywood. C'est tellement dommage ce qui leur est arrivé. »

L'autre client se gratte la gorge. Une douce boule de morve s'étale sur sa lèvre inférieure.

« Il y a aussi d'adorables Juives, dit-il. Pas si

grossen que ça à présent, mais toujours aussi *Frauen*. Pourquoi je suis pas né à Munich, bordel ? »

Frau Sterm fait faire le tour de la maison à Timmy. Elle lui montre la cuisine, le salon, le bureau où Herr Sterm étudie ses questions juridiques, l'étroite chambre du rez-de-chaussée pour les visiteurs. Au début, il ne remarque pas grand-chose, parce qu'il flotte dans toute la maison une drôle d'odeur qu'il n'arrive pas à identifier. Les désodorisants d'atmosphère lui sont inconnus ; chez lui, la bonne nettoie les étagères et le dessus des tables, ainsi que la hotte en cuivre de la cheminée, avec une éponge, de la salive et l'éternelle huile de coude. Ici c'est différent, on est dans un monde clair et cassant.

« Ça te plaît ? »

Frau Sterm fait surgir le lit en manœuvrant un cliquet. Il émerge du mur et se déplie lentement sur le sol. Timmy n'en a encore jamais vu comme celui-là ; pareil pour les doubles vitrages qui donnent sur la pelouse de devant, une pelouse sans barrière ni mur de pierre pour la protéger, une pelouse qui s'appuie sans gêne sur la voie publique.

« Oui, répond-il. C'est très joli. »

Elle tend la main vers lui.

« Viens. J'ai encore d'autres choses à te montrer. »

Le garçon retourne avec elle dans la cuisine. Il y a une plainte sourde, comme le bruit d'un moustique, qui provient du lustre. Le squelette d'un poisson gît sur l'égouttoir. De l'autre côté, devant la fenêtre, un compotier déborde de raisins et de bananes pâles, mais quand il y regarde de plus près il s'aperçoit qu'ils sont en verre. Et à côté de lui, sur le comptoir ciré, il voit une balance de la marque Krupps avec de la farine qui entoure le socle. Il a déjà vu ce nom quelque part ; il arrive presque à le retrouver, mais pas tout à fait.

« Il y a une lettre pour toi, lui dit-elle. Une lettre de ta famille. Elle est arrivée il y a deux jours. »

Timmy la prend, la déchire pour l'ouvrir. Elle contient une feuille de papier, un papier tellement fin qu'il en est pratiquement transparent. C'est l'écriture de sa sœur.

Mon cher Timmy,

Il est maintenant vingt et une heures environ et je vais me coucher. Tu es déjà endormi en haut et Maman est en train de choisir tes pantalons pour le voyage. Ça fait drôle de penser que quand tu liras ça, tu seras au pays de Hansel et Gretel. C'est pourquoi je t'écris.

J'irai au magasin tous les mercredis chercher ta B.D., pour qu'à ton retour dans dix semaines tu n'aies rien raté. Est-ce que ce n'est pas typique de

Ton adorable sœur.

Frau Sterm plie du linge à l'autre bout de la cuisine. Timmy pense que c'est gentil de sa part de s'être retournée pendant qu'il lisait sa lettre ; c'est le premier de ses gestes qui l'ait aidé à se sentir moins paniqué et pétrifié. Si seulement les odeurs n'étaient pas aussi différentes, si seulement il y en avait une qui lui rappelait le placard-séchoir ou l'arrière-cuisine de chez lui. Il veut s'asseoir immédiatement pour répondre à sa sœur, lui raconter qu'il a voyagé dans un avion sans hélices, qu'il a vu de drôles de magazines dans les kiosques de l'aéroport, des magazines avec des femmes ricanantes qui montrent leurs fesses ; qu'il a perdu son manuel de conversation allemande quelque part entre Dublin et Düsseldorf, et qu'il n'arrive pas à se rappeler comment il pourrait dire qu'il s'amuse bien ; qu'il y a une balance dans la cuisine, fabriquée par Krupps, est-ce que ce n'est pas cette même usine qui a fabriqué les fours crématoires ? Et qu'il a essayé, encore et encore, mais qu'il n'arrive toujours pas à faire la grosse commission.

Armée d'un torchon enroulé, Frau Sterm frappe la fenêtre de la cuisine avec précision et une mouche à viande chancelle un moment autour des sécrétions de son estomac avant de tomber sur le rebord. Mais le coup a activé les détecteurs de l'alarme ultramoderne. La sirène hurle à travers la maison comme autrefois les alertes antiaériennes. Timmy n'entend pas du premier coup lorsque Frau Sterm essaie de lui expliquer, et de toute façon elle n'a pas les mots.

« Je comprends », lui répond-il.

Son père le borde, enlève du dessus-de-lit quelques pelures de bois d'un crayon. Timmy repose son carnet de croquis. Ils s'embrassent. Son père éteint la lumière.

« Je parle toujours mieux dans le noir. Pourquoi à ton avis ? Je me le demande souvent. »

Timmy ne répond pas. Il s'enfonce plus confortablement dans les draps. Et il attend.

« À propos de ce voyage. Tu ne dois pas avoir peur. Les gens sont gentils partout dans le monde. Tu verras. Ce crétin d'Italien qui t'enseigne le latin t'a rempli la tête de toutes sortes de bêtises, simplement parce que son frère a pris une baïonnette dans les fesses quelque part en Sicile. Et les bandes dessinées que tu lis ne sont pas mieux : Boche par-ci, Boche par-là, des officiers à monocle, une infanterie composée de cochons. Les Allemands ne sont ni pires ni meilleurs que les autres. Tu me crois ?

– Oui.

– Une bonne partie de la musique que j'écoute est allemande. Est-ce que tu n'aimes pas Mozart et Mahler ? Tu n'aimes pas Beethoven ?

– Si.

– Alors tu vois bien. Herr Sterm est un monsieur adorable. S'il semble un peu... distant, eh bien, c'est parce que les Allemands sont comme ça. Jusqu'à ce que tu apprennes à les connaître, bien sûr. Après ça, c'est la fête. Tu te souviens comme tu as joué au flipper avec Herr Sterm l'an dernier, dans le Connemara, et comment il t'a laissé gagner tout le temps ? Alors que moi, je ne te laisse jamais gagner. »

Son père se dirige vers la porte, sculpture sombre dans la douce lumière du palier.

« Souviens-toi de ceci. Pour commencer, les Allemands n'ont pas inventé l'antisémitisme, ils en ont hérité. Et de qui ? Je vais te le dire. Ils l'ont hérité des différentes églises chrétiennes. Voilà de qui. Il y a une dizaine d'années, on ne pouvait pas dire ces choses-là, ou les gens auraient pensé qu'on était un communiste pur et dur. Mais maintenant, avec le concile du Vatican, les gens découvrent qu'une bouche sert à autre chose qu'à sucer des spaghettis.

– Oui.

– Si on t'embête, dis simplement ceci : au milieu de 1944, les Alliés ont lâché des tirs groupés sur une usine de munitions aux abords d'Auschwitz. Des tirs groupés. Ils ont pulvérisé tout le complexe. Mais ils n'ont pas bombardé les rails de chemin de fer qui menaient au camp. Ils savaient parfaitement que le camp était là ; ils savaient parfaitement ce qui s'y passait, des lance-flammes dirigés vers les femmes enceintes, des nouveau-nés dans lesquels on tapait comme dans des ballons de foot. Mais ils n'ont pas bombardé les rails. Et maintenant, vingt ans plus tard, ils parlent de préserver les loutres ! »

Les portes s'ouvrent en grand.

« J'avais un malade ce matin. Sur la table. Il était différent.

– Pourquoi ?

– Il était mort. Il m'a claqué entre les doigts.

J'ai dû lui déchirer la cage thoracique, tenir son cœur dans ma main, et le pomper avec mes doigts jusqu'à ce qu'il se remette à battre. J'ai fait marcher son cœur avec ma main, une chose que j'utilise pour me curer le nez. »

Il tend la main.

« Tu veux la toucher ?

– Non. »

Son père lui répond par un large sourire.

Timmy se lève, une main retenant à présent son short autour des genoux, et il se retourne pour regarder dans la cuvette. Il a finalement réussi à se vider les intestins. Ça ne lui a jamais pris aussi longtemps pour y arriver, ça n'a jamais été aussi pénible. Son derrière lui fait mal. Il l'essuie doucement et inspecte le papier avant de le jeter. Il ne couvre qu'en partie l'énorme merde dans la cuvette peu profonde. Sa simple taille fascine le garçon. Comment peut-on avoir la place pour une chose pareille dans son estomac ?

Mais il n'y a pas de temps à perdre. Cela fait pratiquement un quart d'heure qu'il est aux toilettes. Frau Sterm va peut-être venir frapper. Il tire fermement la chasse et de l'eau bleue jaillit des bords de la cuvette. Elle tourbillonne avec force mousse autour de la merde, en crachant et en faisant des bulles ; mais ensuite, lentement et silencieusement, elle s'écoule, s'égoutte et disparaît, laissant la masse brune et gonflée à sa place. Timmy actionne désespérément la manette. Il ne se passe rien. La chasse est vide. Il lui faudra dix bonnes minutes avant de se remplir. Il relève son short, boutonne sa braguette, se lave les mains puis les passe dans le chaume qui lui tient lieu de cheveux. Où est Frau Sterm ? Ça fait combien de temps qu'il est là maintenant ? Combien de temps ? La pièce sent probablement mauvais. Il ouvre la fenêtre, asperge le sol en liège d'eau de toilette. Combien de temps ?

La chasse s'est reremplie. Sûrement, parce que les gargouillements se sont arrêtés. Timmy force la manette, plus doucement cette fois-ci, et l'eau bleue jaillit à nouveau en cascade. Il attend, il la regarde se stabiliser. L'eau s'en va.

La merde n'a pas bougé.

Le garçon sort de la salle de bains en courant. Il y a une porte à gauche mais on ne lui a pas montré les chambres du haut. Peut-être que c'est là que dorment les Sterm ; peut-être que Frau Sterm y est en ce moment même. Il s'arrête, se dirige à nouveau dans cette direction, atteint la chambre et jette un œil par la porte. C'est une chambre d'enfant, de garçon, celle de Claus. Il y a des transferts de Walt Disney au mur, un ballon de plage dans le coin, une mince épée de Tolède ; et sur le sol, immédiatement devant lui, il y a un train miniature, des rails empilés, des petits passages à niveau, des wagons, des tenders, des locomotives, des portiers et des chauffeurs miniatures.

Le garçon écoute. Il n'entend rien. Il se penche en avant, attrape un rail de belle longueur et repart en courant vers la salle de bains. Il ferme la porte à clé, écoute à nouveau. Puis il enfonce le rail férocement dans l'énorme merde, dans tous les sens, la frappant et l'entaillant jusqu'à ce qu'elle commence lentement à se désintégrer. Mais il ne s'arrête pas. Il la frappe et bourre de coups, encore et encore. Enfin, il est satisfait ; il donne un dernier grand coup pour être sûr, et il tire la chasse. Morceau par morceau, fragment par fragment, la merde est avalée puis balayée.

Timmy se met à pleurer ; il ne peut pas se laisser aller, pas encore, pas maintenant. Il y a toujours ce rail de chemin de fer. Ça fait combien de temps qu'il est là maintenant ? Il bidouille le robinet, l'ouvre à fond, tient le rail en dessous du jet d'eau, enlève les particules de merde avec ses ongles ; mais ça ne sert à rien. Le machin dégouline, ça pue et il n'arrive pas à le nettoyer. Il reste planté là quelques secondes, à regarder fixement le morceau de jouet ; puis il sort en courant de la salle de bains, descend l'escalier qui mène au rez-de-chaussée et s'arrête, tendant l'oreille pour guetter le moindre pas, le moindre bruit de pas, le moindre bruit. Où est Frau Sterm ?

Quand il atteint le jardin, il balance le rail de toutes ses forces par-dessus la palissade basse en bois, derrière les rhododendrons et les framboisiers. Le rail atterrit dans les parterres de rosiers du voisin. Timmy l'a lancé avec tellement de force que le muscle sous son aisselle lui fait mal. Maintenant il peut laisser libre cours à ses pleurs.

« Je ne vais pas te faire de mal. »

Timmy est debout en pyjama devant sa mère. Il est tard, c'est la dernière nuit avant son départ pour l'Allemagne. Son sac est prêt.

« J'ai mis un scapulaire dans ta valise, lui dit sa mère en sortant son pénis du pyjama. Tu sais ce que c'est qu'un scapulaire ?

– Non. »

Sa mère tire sur son prépuce de haut en bas, de haut en bas. Elle essaie d'être très douce.

« Un scapulaire te protégera, dit-elle. Ma mère m'en a donné un quand je suis allée en lune de miel avec papa.

– Et ça t'a protégée ? »

Elle rit.

« De quoi est-ce que j'avais besoin d'être protégée ? »

Timmy se décide à lui dire.

« J'ai fait un rêve la nuit dernière. Un rêve sur toi. J'étais assis sur une chaise longue quelque part, et tout un troupeau de vaches s'est avancé vers moi. Leurs pis traînaient par terre. Elles voulaient qu'on les traie.

– Et tu l'as fait ?

– Oui. Je les ai traites à mains nues, sur l'herbe. Le lait n'en finissait pas de couler.

– Et où je suis, moi, dans tout ça ?

– Nulle part. Mais je me suis senti comme je me sens toujours quand je suis avec toi. »

Sa mère lui embrasse le bout du nez. Elle remet son pénis dans son pyjama.

« Je veux que tu demandes à Frau Sterm de te faire ça. Tu lui demanderas ? C'est très important. Tu comprendras quand tu seras plus grand.

– Tu m'écriras ?

– Bien sûr que je t'écrirai. Bien sûr que oui. Et tu devras me répondre. Mais n'écris pas qu'à moi. Écris aussi à ton papa. Écris-lui à l'hôpital. Ça lui fera plaisir.

– D'accord. »

La mère regarde son fils, le fils regarde sa mère.

« L'Allemagne n'est pas si mal que ça. Tu te souviens que je t'ai dit que j'y avais été avec Grand-mère, juste avant la guerre ?

– Tu allais mieux.

– J'allais mieux. Je me remettais. J'avais été malade.

– La pleurésie.

– La pleurésie. C'est ça. Et beaucoup de gens l'avaient attrapée. Elle était galopante.

– Ça veut dire quoi ?

– Ça veut dire qu'elle était partout. Dans tous les coins. Une épidémie. Beaucoup de gens en sont morts.

– Mais toi tu as guéri.

– J'ai guéri. J'ai guéri en Allemagne. Ou en tout cas c'est là-bas que j'ai fini de guérir. Et j'y ai rencontré des gens adorables.

– Qui ?

– J'ai rencontré une femme. Une fille, je veux dire. Elle tenait un café, où l'on pouvait commander les gâteaux les plus merveilleux. Et il y avait un violoncelliste qui y jouait l'après-midi. Elle était gentille, mais elle était trop maquillée. Elle ressemblait à un gâteau elle aussi.

– Est-ce que tu as jamais rencontré un homme qui te plaisait ?

– Mais si. Il ressemblait beaucoup à papa, sauf qu'il était plus petit.

– C'était un nazi ?

– Il était dans l'armée. Mais sa véritable ambition dans la vie c'était de devenir apiculteur.

– Et il l'a fait ? »

Sa mère se relève et lisse sa jupe à la hauteur des genoux.

« Je ne sais pas. Peut-être qu'il est mort. Peut-être qu'il est mort à la guerre. Il s'appelait Nikki. »

Timmy s'enfonce plus profondément dans le lit. Il fait passer son poids d'un côté, laissant suffisamment de place de l'autre – comme il l'a toujours fait et continuera toujours de le faire – pour Bernard, son ange gardien.

Claus et Timmy s'entendent comme larrons en foire. Frau Sterm en est certaine. Il y a bien eu un peu de méfiance de part et d'autre, mais ce genre de timidité est inévitable. Dublin n'est pas tout à fait Düsseldorf, et Krefeld n'est pas Killarney. Frau Sterm aime bien ce parallélisme allitératif. Elle l'essaiera sur son mari plus tard.

Dehors, dans le jardin, les deux garçons sourient et courent l'un autour de l'autre. Claus ouvre son manuel de conversation anglaise, choisit des phrases au hasard et les lit.

« Ce n'est pas la chambre que j'ai demandée à la réception. »

Timmy rit, plus fort qu'il ne le faut.

« Est-ce que le musée est ouvert le dimanche aussi ?

– *Jawohl* », répond Timmy, et il salue de la bonne vieille manière qu'affectionnaient les fascistes. Claus le regarde de près. Son visage se plisse. Timmy est déstabilisé, mal à l'aise. Il laisse retomber son bras.

« Moi aussi j'avais un manuel de conversation, lui dit-il. Sauf que je l'ai perdu. Je ne sais pas où. Peut-être dans l'avion, ou à l'aéroport. Mais j'en trouverai un autre. Comme ça on pourra se parler tout le temps. Hein ? »

Claus n'a pas compris. Il se remet à feuilleter le manuel Berlitz, parcourant les chapitres, inspectant sa nouvelle acquisition de temps à autre. Il finit par trouver ce qu'il cherche.

« Est-ce qu'on peut réserver sur ce train ? »

Timmy pense au rail sur le parterre de roses, au train miniature éparpillé en haut sur la moquette aux couleurs vives. Est-il vaguement possible que Frau Sterm ramasse les morceaux pour les ranger dans leur boîte, en les comptant au fur et à mesure ? Ou que Claus se souvienne du nombre exact, du décompte exact ? Le bout manquant ne sera certainement jamais retrouvé, mais que se passerait-il si toute la famille Sterm se rendait compte que, depuis l'arrivée de l'étranger parmi eux, on avait volé des choses ? Il se peut qu'ils n'utilisent pas ce mot-là, qu'au lieu de cela ils parlent de disparition, mais ils voudraient bel et bien dire vol. On le renverrait directement chez lui, il retrouverait peut-être la même hôtesse sur le vol pour Dublin. Elle devrait peut-être lui servir le petit déjeuner, mais elle ne le regarderait pas dans les yeux. Au lieu de cela elle détournerait le regard.

« Est-ce qu'il y a une couchette dans ce train ? »

Personne n'a pu le voir faire ce qu'il a fait. La fenêtre de la salle de bains était en verre dépoli et la porte fermée à clé, en tout cas il avait essayé. Frau Sterm n'était visible nulle part. La maison voisine au parterre de roses ne donnait pas sur le jardin. En fait, maintenant qu'il la voyait pour la deuxième fois, il se rendait compte que c'était un bungalow. Il pouvait respirer tranquillement.

« Ou même une place debout ? »

Claus lui sourit. Il a gardé en réserve le seul mot anglais vulgaire qu'il connaisse et que lui a appris un espiègle écervelé dans sa *Mittelschule*.

« *Shit* », dit-il.

Avant que Timmy ait pu lui répondre, Claus traverse le jardin d'un bond et se penche devant un forsythia. Quelques instants plus tard il revient avec une tortue dans les mains. Timmy fait un pas ou deux en avant et tend la main pour toucher la carapace ; mais Claus balance la malheureuse créature très haut en l'air, puis la rattrape. Timmy n'en croit pas ses yeux, alors Claus recommence, puis il balance la tortue adroitement en direction de son nouvel ami et correspondant. Timmy la renvoie à Claus qui la balance à nouveau vers lui. La tortue a pointé le bout de son nez hors de sa carapace. Les garçons voient émerger la tête et les pattes. Ils continuent de se la lancer, de l'un à l'autre, comme si c'était un ballon de rugby. Mais bientôt ce qui devait arriver arriva. Claus rattrape mal la tortue, la laisse tomber sur le sol en ciment, fait un pas en arrière, et la fixe d'un œil horrifié. Aucun des garçons ne sait si la tortue est encore en vie ou si elle a été blessée. Aucun des deux ne parle. Une légère brise assombrit la pelouse ; des tournesols s'agitent dans leurs parterres.

« Claus. »

Mais Claus ne répond pas. Il fait deux pas en direction de la tortue et la pousse du bout de sa sandale, la pousse pour la cacher sous un buisson. Personne ne la verra là-dessous. Il sortira plus tard, après dîner, pour l'examiner à nouveau. Timmy se demande si une tortue a une colonne vertébrale. Peut-être qu'une fêlure ou même une mince fracture dans la carapace n'aura pas d'importance.

« *Shit*, dit Claus à nouveau. *Very shit.* »

Le père Eddy aligne son coup et putte la balle prestement dans le trou. Timmy applaudit.

« Quand j'étais jeune, dit le père Eddy en avançant vers le prochain chiffre romain sur le court de golf en forme de cadran au bas du jardin de Timmy, Luther rimait avec Lucifer. C'était le diable en personne, aussi mauvais qu'Hitler, voire pire.

– Vraiment ?

– Je rigole pas. Il a semé la discorde entre les chrétiens. Il a fait la guerre à l'Église. On ne pouvait pas raisonner avec lui. Et il s'est passé des choses terribles, famine, assassinats, sacrilèges. Alors bien sûr, quand j'étais au séminaire, tout le monde considérait Luther comme une fripouille intégrale, un bandit. »

Le prêtre putte à nouveau, avec plus de précautions cette fois-ci.

« Mais maintenant, avec le concile et tout ce que le pape Jean a essayé de nous montrer, nous savons mettre les choses en perspective. Nous les voyons avec des yeux charitables, emplis de compassion. Nous voyons bien que Luther n'était pas entièrement mauvais. Il était juste cinglé. Complètement et totalement siphonné. »

La balle tremblote au bord du trou, mais elle n'y tombe pas. Le père Eddy est fâché.

« Quoi qu'il en soit, si les Sterm te demandent de les accompagner à un de leurs offices, refuse. Dis-leur que tu es seulement autorisé à fréquenter l'église catholique. Et s'il n'y en a pas dans le coin, ne te fais pas de bile. Tu n'es pas obligé quand tu es à l'étranger. J'étais en Grèce, quelques années avant que je ne reçoive les ordres, et j'ai passé un mois sans aller à la messe. Quand je suis rentré en Irlande, mon âme n'était plus que l'ombre d'elle-même. »

De la pointe de la crosse, Timmy frappe la balle de golf dans le trou, puis la ressort et la tend au père Eddy. Le prêtre se penche au-dessus de son putter et effectue quelques swings, pour s'entraîner.

« Si quelqu'un te demande, réponds-leur que tu es irlandais mais que tu as appris l'anglais à l'école.

– D'accord.

– Quoique, quand tu n'es pas au pays, ta vraie nationalité c'est le catholicisme. La foi. Pense aux moines irlandais qui sont partis convertir l'Allemagne. Colomban, Cillian. Des hommes saints, des hommes intègres, des hommes investis d'une mission. Tu marches sur leurs traces. Tu comprends ?

– Oui. »

Le père Eddy regarde autour de lui les douze chiffres romains qui ornent la pelouse.

« C'est lequel celui-ci ? me demande-t-il en pointant son putter vers le grand V en métal sous le prunier.

– Cinq, répond Timmy.

– Et celui-là ?

– Neuf. Je les connais tous jusqu'à cent. Cent c'est C.

– C'est bien, mon bonhomme. »

Il se fait tard. Seules les vitres en haut de la serre accrochent la lumière du soleil. Le prêtre et le garçon se dirigent vers la maison.

« N'est-ce pas étrange tout de même, dit le père Eddy, que ces chiffres romains aient été utilisés par Jules César ? Et aussi par Auguste. Les ménagères de Pompéi les comptaient sur leurs doigts le jour de l'éruption du Vésuve. Et ça ne date pas d'aujourd'hui, ni d'hier non plus. C'était il y a fort longtemps.

– C'était il y a combien de papes ?

– Beaucoup, beaucoup, beaucoup. Et pourtant, deux mille ans plus tard, tu les retrouves arrangés en cercle au fond d'un jardin. Sais-tu qui a rendu cela possible ?

– Non.

– Eh bien tu devrais. C'est l'Église ; c'est l'Église qui a préservé le latin, le langage de ces mêmes soldats qui ont crucifié Notre Seigneur. Ça s'appelle de l'ironie.

– C'est quoi, ça ?

– Une blessure qui fait plaisir. »

Le prêtre se baisse pour ramasser une plume d'oiseau sur la pelouse.

« Tu pourrais parler à Claus avec le latin que tu connais, dit-il à Timmy. Je suppose qu'il l'apprend au lycée. Tu connais le verbe aimer par cœur. Et c'est suffisant pour commencer. C'est suffisant pour n'importe qui. Ou ça devrait l'être. Tu n'as pas peur ? Il n'y a aucune raison d'avoir peur. Sûr que vous serez copains comme cochons avant que l'avion ait refait le plein de fuel. »

Derrière eux, surgies des cyprès, des pies font des cercles autour du golf en forme de cadran, atterrissent et picorent les lettres en métal étincelant.

À table, Herr Sterm se penche en arrière et pointe le menton vers le plafond. Son nez saigne, pratiquement depuis le moment où il a pénétré dans la maison. Le devant de sa chemise est déjà taché, la cravate verte qu'il a mise en l'honneur de Timmy est tachetée de rouge. Pourtant, Frau Sterm continue d'expliquer au garçon que ceci n'a rien d'inhabituel. Ça arrive tout le temps, c'est signe de bonne santé, pas de maladie. Ça passe au bout d'un moment, comme toute chose. Et elle verse une autre louche de légumes dans l'assiette de Timmy qu'elle dépose devant lui.

La nourriture est inintelligible. Il y a des choses

étranges et anonymes que Timmy n'a jamais vues jusqu'ici. La forme, la taille, le parfum et le goût, tout est nouveau. Avec son couteau et sa fourchette il triture, trie et sépare le bazar mais n'arrive pas à l'avaler. Il voit les fragments de son propre reflet sur la large lame du couteau : sa lèvre inférieure avec le bout de peau morte, ses dents dans un tremblement blanc, ses sourcils, ses cils, ses yeux. Ses yeux le regardent fixement en retour, confessant, cachant.

« Est-ce que tu aimerais voir un film demain ? »

Il lève les yeux vers Frau Sterm. Elle paraît distante, diminuée.

« Oui, merci.

– Tu aimerais voir *La Mélodie du bonheur* ?

– Oui. »

Herr Sterm remet sa chaise sur ses quatre pieds. Il tient un grand mouchoir sous son nez et parle de manière étouffée à sa femme, d'abord en allemand, puis en anglais.

« *La Mélodie du bonheur* n'est pas un bon film. C'est anti-allemand. La musique est jolie, mais le message, le message c'est de la propagande. Mais il y a d'autres films. Il y en a d'autres ; et ce sont ceux-là que nous irons voir. »

Ils mangent en silence. Timmy se force à avaler quelques cuillerées de la cochonnerie verte et violette. Claus est dans un autre monde, il joue au foot avec les petits pois dans son assiette. Peut-être qu'il pense à la tortue ; peut-être qu'il a peur. Herr Sterm se remet à saigner, sur la serviette et sur le rond de serviette. Il jure à voix basse. Sa femme le fait taire. Le silence règne encore quelque temps... et puis la sonnette retentit.

La sonnette de l'entrée, ses deux notes, une petite mélodie.

Toute la tablée se raidit. Le père et la mère se regardent. Le mari se lève, sort. Frau Sterm jette un œil par la fenêtre vers les persiennes dans la cuisine.

« Je crois que c'est un voisin », dit-elle.

Et Timmy sait, il sait au creux de son estomac ; au fin fond du ventre du garçon, il y a la certitude. Pourquoi est-ce que le vieux passager s'était plaint de l'hôtesse de l'air ? Pourquoi est-ce que lui avait décrété vouloir devenir juif ? Qu'est-ce qui l'avait poussé à refuser de visiter le cockpit ? Et comment Hardiman réussissait-il à redresser son pénis ? Il pensait à quoi quand il a fait ça ? Qu'est-ce qui lui trottait dans la tête ?

La porte s'ouvre en grand. Herr Sterm rentre. Il ne dit rien. Il tient le rail. Pourquoi avait-il jeté son badge dans les toilettes du train ? Il devait y avoir une raison. Son père lui dit qu'il y a toujours une raison pour tout. Alors pourquoi les femmes ricanaient sur les couvertures de magazines ? Herr Sterm se met à frapper Claus sur les épaules et le cou avec le rail crasseux. Sa femme crie. Mais Claus, Claus ne pleure pas, il ne crie pas. Il n'essaie même pas de se protéger la tête. Qu'est-ce que M. McDonagh pensait des Juifs ? Qu'est-ce qu'il pensait vraiment ? Que voulait dire *grossen Frauen* ? Pourquoi c'était drôle ?

Frau Sterm bourre son mari de coups. Elle plaide auprès de lui ; il ne répond pas. Son nez s'est remis à saigner. Il goutte sur le tee-shirt de Claus, lui coule dans le dos. Le garçon sanglote et frissonne. Herr Sterm tient le rail en l'air une dernière fois, un rail souillé, encore sale à cause des toilettes et du jardin. Il le tient en l'air, le regarde, le pose. Il se passe la main dans les cheveux.

« J'ai acheté cet... engin pour Claus, hier. C'est un nouveau cadeau. Pour lui mais aussi pour toi. Pour jouer ensemble. »

Pourquoi est-ce qu'il n'avait pas touché la main de son père ? Et pourquoi les bombardiers alliés n'avaient pas bombardé les rails qui menaient à

Auschwitz ? Pourquoi ? Et quand connaîtrait-il les réponses ? Toutes les réponses à tout, tout ce qui lui faisait peur et lui donnait l'impression d'être étrange et observé ? Il regarde Herr Sterm, Frau Sterm, Claus. Il a mal au ventre, mal, mal, mal. Les verres de ses lunettes se sont embués à cause de la chaleur de sa sueur. Elles se mettent à glisser vers l'avant, le long de l'arête du nez, jusqu'à ce que la moitié de son champ de vision soit flou, l'autre moitié étant plus nette que des italiques.

Et il ne dit rien. Il ne dit rien du tout.

TABLE

LA PETITE BIBLIOTHÈQUE DU XIXe SIÈCLE

Charles Baudelaire, *Choix de maximes consolantes sur l'amour*
Fedor Dostoïevski, *Le Rêve d'un homme ridicule*
J. W. von Goethe, *Dans un jardin du monde*
Hippolyte Taine, *Étienne Mayran*
Oscar Wilde, *Le Portrait de Mr. W.H.*

LA PETITE BIBLIOTHÈQUE EUROPÉENNE DU XXe SIÈCLE

Lou Andreas-Salomé, *Rainer Maria Rilke*
Lou Andreas-Salomé, *Création de Dieu*
Jerzy Andrzejwski, *Personne*
Beatrix Beck, *Grâce*
Johannes Bobrowski, *Les Pianos de Lituanie*
Veza Canetti, *La Rue jaune*
Veza Canetti, *La Patience des roses*
Andrée Chedid, *La Femme de Job*
Hugo Claus, *L'Amour du prochain*
Hugo Claus, *Gilles et la nuit*
René Jean Clot, *La Neige en enfer*
Joseph Conrad, *Paroles de sagesse*
Magnus Dahlström, *Feu*
Catherine David, *La Beauté du geste*
Régine Detambel, *Album*
Willem Elsschot, *Le Feu follet*
Jens-Martin Eriksen, *Nani*
Jean Ferry, *Le Mécanicien et autres contes*
Ida Fink, *Le Jardin à la dérive*
Sylvie Germain, *Opéra muet*
Natalia Ginsburg, *La Mère*
Lars Gustafsson, *L'Étrange Animal du Nord*
Hermann Hesse, *Le Voyage à Nuremberg*
Franz Hessel, *Romance parisienne*
Franz Hessel, *Le Bazar du bonheur*
Gert Hofmann, *La Dénonciation*
Hugo von Hofmannsthal, *Le Livre des amis*
Michel Host, *La Soirée*
Bohumil Hrabal, *Tendre Barbare*
Bohumil Hrabal, *Les Souffrances du vieux Werther*
Sergueï Kaledine, *La Quille*
Dževad Karahasan, *Un déménagement*
Else Lasker-Schüler, *Mon cœur*
Carol Mann, *Une belle nuit d'août couleur de cendre*

Herta Müller, *L'homme est un grand faisan sur terre*
Cees Nooteboom, *Le Chevalier est mort*
Cees Nooteboom, *L'Enlèvement d'Europe*
Frank O'Connor, *Les Hôtes de la nation*
Amos Oz, *Les Deux Morts de ma grand-mère*
Enrico Pea, *Moscardino*
Jérôme Peignot, *Un printemps à Pékin*
Rainer Maria Rilke, *Histoires du bon Dieu*
Séda, *Publique*
Georges Séféris, *Six Nuits sur l'Acropole*
Thorvald Steen, *Don Carlos*
D.M. Thomas, *Love Train*

CET OUVRAGE
A ÉTÉ TRANSCODÉ
ET ACHEVÉ D'IMPRIMER
PAR L'IMPRIMERIE FLOCH À MAYENNE
EN FÉVRIER 1996
(38731)
POUR LE COMPTE DES
ÉDITIONS CALMANN-LÉVY, 3, RUE AUBER
PARIS-9e

N° d'éditeur : 12227/01
Dépôt légal : mars 1996